KB082671

기 획 서 마 스 터

기획서 마스터

초판 1쇄 인쇄일 2015년 6월 10일
개정판 1쇄 인쇄일 2021년 4월 23일 • 개정판 1쇄 발행일 2021년 4월 28일
지은이 윤영돈
초판 일러스트 이지현 • 개정판 일러스트 박상욱
펴낸곳 (주)도서출판 예문 • 펴낸이 이주현
등록번호 제307-2009-48호 • 등록일 1995년 3월 22일 • 전화 02-765-2306
팩스 02-765-9306 • 홈페이지 www.yemun.co.kr

주소 서울시 강북구 솔샘로67길 62 코리아나빌딩 904호

ⓒ 2021, 윤영돈
ISBN 978-89-5659-392-0 13320
저작권법에 따라 보호받는 저작물이므로 무단전재와 복제를 금하며,
이 책 내용의 전부 또는 일부를 이용하려면 반드시 저작권자와
(주)도서출판 예문의 동의를 받아야 합니다.

아이디어에서 기획서 작성, 제안 통과까지 **프로 일잘러들의 실전 스킬**

기획서 마스터

윤영돈 지음

계문
Kyemun

기획서 때문에
고민하는
비즈니스맨들에게

"당신은 기획자planner인가? 아니면 비기획자non-planner인가?"

필자는 강의를 시작할 때 제일 먼저 이렇게 질문한다.

세상에는 두 종류의 사람이 있다. 주어진 일을 하기도 급급한 'non-planner'가 있고, 일이 찾아서 주도적으로 하는 'planner'가 있다. '나는 어느 종류의 사람인가?' 되묻는다. 아마도 안정적인 성향을 갖고 있다면 자기 일도 처리하기 급급한 사람일 것이다. 이런 사람들에게 삶을 적극적으로 하는 planner로 인도해야겠다는 다짐이 이 책을 쓰게 하였다.

일을 재미있게 할 수 있다면 얼마나 좋을까? 그러나 현실은 머리가 지끈지끈하고 고민 투성이다. 특히 비즈니스맨들은 늘 새로운 과제를 부여받는다. 그리고 그 과제를 어떻게 해결할까 하는 문제해결의 가장 핵심이 되는 것이 기획서이다. 출장보고서를 비롯해 회사소개서, 기안서, 품의서, 제안서, 사업계획서가 모두 기획서에 포함된다. 그렇다 보니 말단 직원에서 CEO에 이르기까지 누구도 기획에서 자유롭지 못하다.

사실 기획서 작성에서 중요한 것은 지식을 얼마나 알고 있는가가 아니라 어떻게 상대방의 마음을 훔치는가이다. '좋은 기획서란 채택된 기획서이다'라는 말이 있다. 아무리 좋은 기획서라고 해도 채택되지 않으면 무용지물이 되기 때문이다. 기획서가 채택되기 위해서는 상사나 클라이언트를 감동시키고 설득시켜야 하고, 그러기 위해서는 상대가 무엇을 원하는지를 파악해야 한다. 최근 기획에 뇌과학이나 심리학을 접목하는 것도 기획이 상대에게 얼마나 강렬한 기억을 남기느냐, 어떻게 마음을 훔치느냐의 싸움이기 때문이다.

쉽게 이야기하자면 기획서 작성은 '요리하는 것'과 같다. 재료_{자료}를 구하고 레시피_{정보}를 참조하면서 음식_{기획서}을 만드는 것이다. 하지만 넘쳐나는 데이터 속에서 어떤 것이 쓸모 있는 것인지 분간하기란 쉽지 않다. 또 열심히 만든 음식_{기획서}이라도 음식을 먹는 사람의 입맛에 맞지 않으면 퇴짜를 당하게 되고 심하면 욕을 먹을 수도 있다.

요리에서 무엇보다 중요한 것은 음식을 먹는 사람이다. '제품기획'이라면 클라이언트가 대상이 될 것이고, '신입사원 교육 프로그램'을 기획한다면 결재를 하는 상사나 CEO가 대상이 될 것이다. 기획서를 어떻게 쓸 것인가 생각하기 전에 상대방을 위해 무엇을 담을 것인가를 고민해봐야 한다. 누가 이 기획서를 볼 것인가에 따라 제목부터, 그 안에 담을 아이디어, 분량, 글씨 포인트까지 달라져야 한다.

또 하나 중요한 것은 '기회는 한 번뿐이다'는 인식이다. 두 번 기획서를 쓰지 않아야 한다는 것이다. 한 번에 OK 받는 게 중요하다. 그렇지 못하면 꼬투리를 잡히고 부정적인 인상을 주어 아마추어처럼 보이게 된다. 한 번에 OK 받아야 하는데 그러려면 어떻게 해야 할 것인가?

이 책은 신입사원부터 현장 실무자들을 컨설팅하며 겪은 경험과 필자가 현장에서 쌓은 노하우를 바탕으로 상대의 마음을 훔쳐 한 번에 OK 받는 전략을 정리한 것이다. 머릿속에서만 맴돌던 기획이라는 개념을 정리하고 기획서로 작성하기까지 이 책의 차례대로 '기획이라는 설계도 그리기, 문서 작성, 프레젠테이션의 과정'을 따라가다 보면 어렵다고 느꼈던 기획서를 마스터할 수 있을 것이다.

이 책은 기획서 작성법에 대한 놓치기 쉬운 핵심 원리와 예제 위주로 현재 실정에 맞게 설명하고자 했다. 기획서를 작성해야 하는 사람들에게 콘셉트부터 기획이 구체화되는 과정에 이르기까지 맥락을 정확히 짚어주고자 노력했다. 이 책에 나오는 몇 가지 원리를 적용해보자. 분명 기획서가 달라졌다는 소리를 들을 것이다.

"이걸 기획서라고 내?"
"이건 또 어디서 베꼈어?"
"아시겠죠? 무슨 얘기하는지?"

사원 시절, 잘 모르겠지만 더 이상 물어보기가 눈치 보여 알겠다고 대답하고는 혼자 끙끙 앓다가 시간은 없고 일은 급해 기존 문서를 이것저것 베꼈다가 퇴짜를 맞곤 했던 기억이 있다. 직장생활을 하든 사업을 하든, 문서 작성은 업무의 기본이다. 지식노동자들knowledge workers 은 '직장생활에서 페이퍼워크paperwork가 80%를 차지한다'는 말도 있다. 문서 작성은 일견 쉬워 보여도 막상 하려고 하면 막히고 시간이 걸리는 일이다. 웹툰 <미생>에서 인턴사원으로 나오는 장그래는

"온종일 깜빡이는 커서만 보고 있노라면 내 정신도 깜빡거리는 것 같다. 단순한 업무라고 해도 보고서를 작성하는 데만 하루 반나절을 보내는 속상한 모습"이라고 문서 작성의 어려움을 토로한다.

기본적인 문서 작성을 잘해야 일이 빨라지고 능력 있는 비즈니스 맨으로 거듭날 수 있다. 문서란 정해진 형식에 맞추어 글쓰기하는 것이므로 문서 작성의 본질은 글쓰기이다. 그런데 글쓰기는 이공계 출신뿐만 아니라 인문계 출신에게도 어렵게 느껴지는 일이다. 직장인들이 따로 시간과 돈을 들여 배우지 않더라도 실무 업무과정에서 부딪히는 문서 작성을 쉽게 할 수 있는 책이 있으면 좋겠다는 요청으로 《기획서 마스터》를 기획하게 되었다. 이 책에서는 기획서를 비롯해 비즈니스 글쓰기의 아웃라인을 잡아주고 디테일하게 작성하는 법을 담았다.

회사나 상사가 가르쳐주지 않아도 잘해내려는 노력과 고민, 이러한 과정이 비즈니스맨으로서 자신을 강하게 만들어준다. 그리하여 다듬어진 센스와 실력…, 이것이 곧 성공하는 비즈니스맨의 내공인 것이다. 문서 하나를 붙잡고 쓸데없이 많은 시간을 허비하면서 스트레스를 받는 사람들에게 이 책이 좋은 길라잡이가 될 수 있을 것이다.

필자는 어릴 때부터 생각하고, 구상하고, 글을 쓰는 것에 관심이 많았다. 중학생 때 시인 마종하 선생님을 만나 시인을 꿈꾼 후 국문학과에 입학해 형성문학 동아리 활동을 했고, <문학사상> 신인상에 도전했으나 아쉽게 최종심에서 떨어졌다. 하지만 군대에서는 국방일보 우수작을 수상하기도 했다. 결국 대학원에서는 문예창작학과에서 콘텐츠를 전공했고, 국내 1위 문서서식사이트 비즈폼 www.bizforms.co.kr에 근무하면서 기획서를 많이 접하게 되었다. 국내 최초로 '직장인글쓰기연구회www.bizwritng.net'를 2003년부터 운영하면서 기획서에 더욱더 관심을 갖게 되었다. 대학교 겸임교수로 '기획 & 프레젠테이션'이라는 과목을 맡아 강의했고, 삼성전자·현대자동차·포스코·전경련·금융감독원·서울시인재개발원·유한킴벌리 등에서 강연하면서 노하우를 축적할 기회를 얻었다. 이런 경험을 바탕으로 기획서 관련 책을 출간했고, 사랑을 받으면서 비즈니스 문서 강의를 하게 되었다. 자동차 업계, IT 업계, 금융 업계 등 특화된 곳에서 비즈라이팅 컨설팅을 하게 되었고 크레듀, 휴넷, 현대경제연구원, 한국생산성본부, 한국산업인력공단 등에서 이러닝 과정을 개발하게 되었다. 그리고 강의를 들은 수강생들의 끊임없는 요청으로 선보인 책이 바로 ≪기획서 마스터≫이다. 초판을 낸 지가 엊그제 같은데 재쇄를 거듭한 끝에 급기야 개정판으로 출간하려니 만감이 교차한다.

이 책이 만들어지기까지에는 물심양면으로 많은 분들의 노력이 있었다. 늘 곁에서 품어주시는 스승님과 협조를 아끼지 않는 조언자, 함께 자신의 책처럼 고민해주었던 파트너들은 내 가슴을 뛰게 했다. 마지막 교정을 도와준 김영재 박사와 김기문 코치에게도 다시 한번 감사드린다.

원고를 쓴다고 함께 하지 못한 시간이 많았던 우리 아들 재상이와 아빠의 재롱둥이 원경이, 남편의 뒷모습만 보고 늘 가슴 아파한 아내에게 미안함을 전한다. 그리고 평생 운전을 하면서 뒷바라지를 해주신 아버지와 아들의 메모지 하나하나를 소중히 여겨주셨던 어머니께 이 책을 바친다. 아무쪼록 이 책이 기획서 작성으로 고민하는 누군가에게 도움을 준다면 그보다 더 값지고 보람된 일은 없을 것이다.

_____✎ 윤영돈 코치

C.O.N.T.E.N.T.S

파트 1
기획서 작성 준비하기

파트 2
초보도 쉽게 따라 할 수 있는 기획력

파트 3
단 한 번에 생각을 정리하는 기획서 초안 작성법

파트 4

한 번에 OK 받는 실전 기획서 작성법

파트 5

프레젠테이션 기본부터 핵심까지

파트1
기획서 작성 준비하기

많은 사람들이 기획서를 어떻게 작성할까 고민하다가
결국은 베끼곤 한다. 물론 태어날 때부터 잘하는 사람은
없다. 하지만 표현하는 것에만 골몰하다 보면 진도가 나가지
않는다. 자신의 생각을 먼저 정리하는 것이 중요하다.
상대방에게 거절당하지 않으려면 '왜 이 기획서를 작성하는지'
핵심을 파악해야 한다. 제일 먼저 명확한 개념을 잡자.
개념을 놓치면 결국 개념 없는 사람이 된다.

저는 기획서 작성이 처음인데요

가장 중요한 것은 마음과 영감을 따르는 용기다!
스티브 잡스

"기획서를 어떻게 하면 빨리 작성할 수 있을까요?"

필자가 기업에 강연을 갔을 때 자주 받는 질문 중 하나다. 기획서 작성에 대한 스트레스는 대부분 마감기한에 맞춰야 하기 때문에 생긴다. 직장인들의 이야기를 들어보면, 할 일은 많은데 기획서는 생각보다 더디게 진행되는 경우가 많다고 하소연이다.

기획서란 '쓰는 것'이 아니라 '만드는 것'이다

기획서 또는 기획력 하면 사람들은 무조건 뛰어난 상상력, 크리에이티브한 사고방식을 떠올린다. 다짜고짜 창의적인 생각을 하려니 어렵다. 우선 기획서에 대한 개념부터 새롭게 해야 한다. 기획력이란 '훌륭한 비즈니스 문서를 쓰는 능력'을 말한다. 즉, 나름의 쓰는 순서를 알면 덜 막막하고 조금은 쉬워진다.

기획서는 정해진 형식이 없다. 비즈니스 문서는 크게 정형문서와 비정형문서로 나누는데, 기획서는 형식이 없는 비정형 문서에 포함된다. 하지만 정해진 형식이 없다 하더라도 나름의 순서는 있다. 기획서라는 형태를 만들기 위해서는 절차의 원리를 파악하는 것이 성공의 출발점이다.

기획서 작성은 '레고 블록을 쌓는 것'과 같다. 작은 육면체 하나로 실로 다양한 모양으로 쌓을 수 있기 때문이다. 아귀에 맞는 블록을 구하고 차곡차곡 끼워가며 큰 그림을 그려가는 것이다. 초보자의 경우 무턱대고 블록을 쌓는데, 전체 아웃라인을 그려야 한다. 전체적 모습을 구상할 수 있어야 제대로 원하는 모양의 블록을 조립할 수 있다. 기획이 무너지지 않기 위해서는 벽돌 하나라도 빈틈이 있어 서는 안 된다. 단 하나의 벽돌이라도 빈틈이 생기면 신뢰성은 한 번에 무너질 수 있다. 따라서 기획서란 '쓰는 것writing'이 아니라 '만드는 것building'이다. 톱다운top-down 방식의 내려쓰기가 아니라 바텀 업bottom-up 방식의 올려쓰기, 즉 벽돌을 쌓듯이 논리를 하나하나 맞춰서 작성하는 것이 중요하다. 공들여 만든 탑은 무너지지 않는다는 말이 있다. 처음부터 대충 시작하지 말라는 뜻이다. 자료검토 및 현황분석, 원인, 배경 등을 통해 전체를 파악한 후에 방향을 잡아야 기획서를 흔들림 없이 제대로 작성할 수 있다.

기획서는 글을 쓰는 것이 아니라 문서를 만드는 것이라고 했다. 에드워드 데밍 박사가 고완한 'PDCA 사이클Cycle'이 가장 많이 쓰이는데 여기서 PDCA란 계획 Plan, 실행Do, 검토Check, 개선Action을 말한다. '계획Plan'에는 목표를 달성하기 위

PDCA 사이클

해 무엇을, 누가, 언제까지, 어떻게, 실행하는가가 한눈에 보여야 한다. 계획이 완성되면 '실행Do'으로 넘어가고, 실행 후 '목적을 달성했다' 또는 '목적을 달성하지 못했다'는 판단이 가능하도록 명확하게 확인한다. '검토Check'란 프로젝트 진행에서 사람, 물건, 비용 등이 잘 돌아가는지 확인·검토하는 것이다. 만약 문제가 있다면 '개선Action'을 통해, 즉 중요한 일에 시간을 더욱 투자하는 반면 중요도가 적은 일은 효율적으로 진행하는 방법을 생각해야 하며, 중요하지 않은 것은 그만둔다.

초안은 '컴퓨터 워크' 하지 말고
'핸드 워크' 먼저 하라

기획서를 작성할 때는 스마트폰을 끄고 시작하라. 검색창을 켜놓고 작성을 하다 보면 자신도 모르게 인터넷이나 다른 사람이 쓴 양식을 보게 되고 그 틀에서 벗어나기가 힘들다. 기획에 대해 생각해야 하는데 컴퓨터로 시작하면 자신도 모르는 사이 베끼게 된다.

필자가 강의를 할 때 빔프로젝트 모니터를 끄고 했을 때의 청중 반응과 켰을 때의 반응이 매우 다르다. 빔프로젝트를 켜면 화면에 집중하지만 화면을 끄면 강사인 나에게 집중한다. 기획 과정도 마찬가지다. 만일 먼저 컴퓨터를 켜서 워드 작업부터 하려고 하면 화면과 키보드에 집중하게 되고 자신의 아이디어가 화면 안에 갇힐 수 있다. 손쉽게 인터넷 검색을 하게 되고 자신의 생각 없이 'Ctrl+C'복사하기 기능와 'Ctrl+V'붙여 넣기 기능만으로는 베스트 기획서가 나오지 않는다. 종이 위에서 구상한 다음에 컴퓨터를 켜라.

초안은 컴퓨터 워크Computer Work 하지 말고, 핸드 워크Hand Work로 먼저 하는 것이 좋다. 특히 백지에 쓰는 것이 중요하다. 즉 아웃라인을 그릴 때는 직접 펜을 이용해 손으로 그리는 것이 좋고, 디테일은 컴퓨터를 이용해 편집하는 것이 좋다. 아웃라인을 그릴 때 컴퓨터를 이용하게 되면 자기 생각보다 다른 자료나 의견이 고착화될 수 있으니 주의가 필요하다.

대부분 기획서를 작성하기에 앞서 PC에서 양식을 찾아 헤매는 시간이 많다. 하지만 좋은 양식을 찾았다고 해서 좋은 기획서를 작성할 수 있는 것은 아니다. 결국 "이건 또 어디서 베꼈어?"라는 소리를 듣고 만다. 기획서를 작성하기 위해서는 컴퓨터로 작성하기 전에 자신의 생각을 종이에 정리해야 하는 중요한 이유이다. 컴퓨터 작업을 먼저 하기 전에 종이에 글로 쓸 필요가 있다는 것을 기억하자. 결국 기획이란 자신의 의견부터 정리하고기획단계 그것을 뒷받침하기 위한 근거를 찾는 과정기획서 작성단계이다.

기획서란 설계도다

기획企劃이란 문자 그대로 생각하는 바企를 그리는劃 일이다. 한자 '기企'는 人사람인은 사람, 止발지는 발뒤꿈치를 뜻하는 상형문자이다. 기획은 사람이 발뒤꿈치를 들고 생각하는 것을 그리는 것을 뜻한다. 즉, 기획이란 현재에 만족하지 않고 새로운 가치를 발현하는 과정이다.

'기획'과 '작성' 과정이 전혀 다르다. 기획 7단계는 먼저 기획 분석·콘셉트 설정·자료수집·현황조사·대책수립·전략설정·실행계획 등으로 이루어지는 작성 준비building 과정이고, 작성 7단계는 키워드 설정·제목 잡기·목차 구성·보충근거·참고자료·내용 수정·마무리 퇴고 등 실질적으로 작성writing하는 과정이다. 즉, 앞서 말한대로 기획은 공든 탑을 쌓는 바텀업bottom-up 방식이라면, 작성은 한 우물을 파는 톱다운top-down 방식인 것이다.

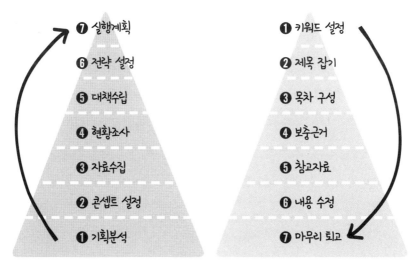

기획 7단계(building 7process)   작성 7단계(writing 7process)

기획서와 계획서, 제안서, 보고서의 차이

　직장생활에서 가장 많이 쓰이는 문서는 크게 4가지가 있다. 기획서, 계획서, 제안서, 보고서 등을 필자는 '문서의 4대 천왕'이라고 부른다. 이들은 언뜻 보면 비슷해 보이지만 엄밀히 말하면 다르다. 기획서가 새로운 아이디어를 구현하기 위한 적극적인 문서라면, 계획서는 이미 결정된 사항에 대한 일정시간·비용·인원 등 구체적인 내용이 들어가 있는 수용적인 문서다. 예를 들면 기획서에는 마케팅 기획서, 출판기획서 등이 있고, 계획서로는 사업계획서, 휴가계획서 등이 있다.

　건축과정으로 생각해본다면 기획서가 건축하기 전에 만드는 '설계도'라면, 계획서는 건축하기 위한 '일정표'이다. 제안서는 분양을 위한 '모델하우스'라면, 보고서는 현재 진척 상황에 대한 '현황판'이다. 즉 보고서는 수용적으로 상사에게 품의 받기 위한 문서이다. 예를 들면 제안서는 영업제안서, 교육제안서 등이 있고, 보고서는 결과보고서, 프로젝트 보고서 등이 있다. 기획서는 자료, 정보, 지식 위주로 데이터data 중심의 문서라면 제안서는 고객을 설득하기 위한 사람people 중심의 문서이다. 기획서는 아이디어가 어떻게 만들어질지를 보여줘야 하며, 제안서는 고객에게 채택되기 위한 적극적인 문서로 간결해 보여야 한다.

　실무에서는 기획서, 제안서, 계획서, 보고서를 통칭하는 경우가 많다. 거창하게 기획을 세웠는데 실패한다면, 구체적으로 계획을 세우지 못했기 때문이다. '무엇을 할 것인가What to do'가 기획이라면 '어떻게 할 것인가How to do'는 계획이다. 기획이 '왜 그렇게 할 것인가why to do that'라면 계획은 '일정표schedule, 비용cost, 참모진Staff' 등을 살펴야 한다. 기획이 효과성을 추구한다면 계획은 효율성을 추구한다.

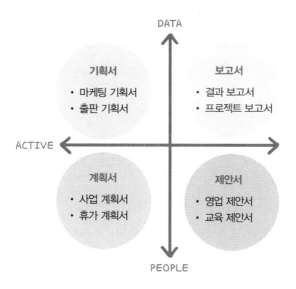

문서의 4대 천왕 : 기획서, 제안서, 보고서, 계획서

기획서는 글을 잘 쓰기 위함이 아니라 채택되기 위한 문서를 만드는 것이다. 기획서를 작성하기 위해서는 크게 아웃라인과 디테일로 나눠서 생각해야 한다. 우선 '아웃라인Outline'이란 생각을 그려서 구상하는 단계로, 콘셉트 개념과 논리·체계화가 중요하다. 그리고 '디테일Detail'이란 앞에서 잡은 콘셉트가 상대방에게 먹히기 위해 작성을 하는 단계로, 공감과 감성·비주얼·도해화가 중요하다. 따라서 이 책에서는 콘셉트와 생각을 구상하는 아웃라인을 먼저 설명하고 실전 작성법을 소개하겠다.

한 번에 OK 받는 기획서의 특징 7가지

첫째, 흥미를 끄는 제목과 목차가 눈에 들어온다.

둘째, 도입부에 결론을 배치해서 매력적으로 보인다.

셋째, 기획서를 잡으면 끝까지 읽는 힘이 있다.

넷째, 흐름이 중간중간 끊이지 않고 맥락이 매끄럽게 연결된다.

다섯째, 한눈에 들어오는 인포그래픽과 세련된 레이아웃을 보여준다.

여섯째, 기획서의 문장이 분명하고 간결하다.

일곱째, 마지막에서 한 방의 훅Hook이 있다.

메모는 기획의 '보물창고'

　스티브 잡스, 아인슈타인, 정약용의 공통점은 모두 메모광이었다는 점이다. 메모는 아이디어의 보고이고, 생각을 정리하는 가장 좋은 기술이다. 철학자 베이컨은 '독서는 완성된 사람을 만들고, 담론은 재치 있는 사람을 만들고, 필기는 보물창고를 만들어준다'고 말했다.

　스티브 잡스의 메모가 미국 경매회사 소더비에서 경매에 붙여져 화제가 된 적이 있다. 메모는 총 4페이지 분량으로, 1974년 잡스가 19세 때 게임업체 '아타리Atari'의 아케이드 게임 '월드컵 사커World Cup Soccer'를 하다가 떠오른 아이디어를 적은 것이다. 잡스는 이 메모를 게임 총괄책임자 스티븐 브리스토우에게 보낸 것으로 알려졌다. 이 문서에는 잡스가 애플컴퓨터를 창업하기 이전에 '올 원 팜 디자인All-One Farm Design'이란 회사명이 적혀 있다. 문서를 보낸 주소는 로스 아틀로스에 위치한 잡스의 집 차고로 적혀 있고, 우표 밑에는 ≪반야심경≫에 담긴 불교 주문을 확인할 수 있다. 이 메모는 3명 이상의 입찰자가 경합을 벌인 끝에 당초 예상가인 15,000달러한화 1,600만 원 상당를 크게 웃도는 27,500달러한화 2,900만 원 상당에 낙찰됐다. 그 작은 메모가 무려 2,900만 원이 넘는 가치를 갖게 된 것이다.

　아인슈타인은 만년필과 종이, 휴지통 이 3가지만 있으면 어디든지 연구실이라

할 정도로 아무리 작은 아이디어라도 메모하는 습관을 가졌다.

다산 정약용 선생은 18년의 유배생활에서 600여 권의 저술을 완성하고, 수원화성을 설계하고, 기중기 배다리船橋를 제작했다. 다산 선생이 자주 쓰던 '둔필승총鈍筆勝聰'이라는 사자성어는 '무딘 붓이 더 총명하다'는 뜻이다. 서툰 글씨라도 기록하는 것이 기억보다 낫다는 말로 메모의 중요성을 강조하고 있다. 컴퓨터보다 손으로 글을 쓰면 두뇌에 더 좋다. 손을 움직이면 뇌가 자극을 받아 전두엽이 활성화된다는 것은 많이 알려진 사실이다. 메모는 자신의 생각을 터뜨리는 작업이자 타인에게 자신의 생각을 알리는 미디어이기 때문이다. 메모는 아이디어의 보물창고로, 바로 이런 착상과정을 고스란히 볼 수 있다.

퇴짜 맞는 사람 vs. 한방에 컨펌 받는 사람

상대방이 이해할 수 있는 언어로 말한다면 그는 머리로 받아들이고,
상대방이 사용하는 언어로 말한다면 그는 마음으로 받아들인다.
넬슨 만델라

'좋은 기획서란 채택된 기획서이다'라는 말이 있다. 독창적인 아이디어나 100억짜리 가치가 있는 기획서라 할지라도 채택되어야 실행될 수 있기 때문이다.

따라서 기획서 작성에 앞서 이 기획서를 채택하는 사람이 CEO인지, 실무자인지 등 기획을 채택하는 사람에 따라 어떤 기획서를 작성할지 머릿속에 먼저 그리고 작성에 들어가는 것이 좋다. 기획서는 내가 쓰지만 평가는 상대방이 하기 때문이다.

상대의 마음을 훔치기 위한 기획의 'ABC 전략'

A　approach : 어떻게 상대방을 존중하면서 접근할 것인가?

　기획서를 제출할 때는 그 대상이 누군가에 따라 달리 대응해야 한다. 팀장이나 차장급의 실무자와 CEO 같은 결재권자는 관심부터 다르다. 실무자는 추진방법이나 전문성에 관심이 많은 반면, 결재권자는 매출이나 이익에 더 민감하기 때문에 제출할 때도 이러한 사실을 잘 반영해야 한다. 결재자는 분량이 적은 것을 선호하는 반면, 실무자는 분량이 적을 때에는 성의가 없다고 반려하는 경우가 있으니 주의가 필요하다. 무조건 1페이지 기획서가 좋은 것은 아니다.

B　building brige : 어떻게 상대방과 관계를 구축할 것인가?

　자신의 지식을 과시하여 상대방을 이해하기 어렵게 만드는 것은 가장 안 좋은

결제권자와 실무자를 구분하라

기획서 유형이다. 자신의 유식함을 강조하기 위해 어렵게 작성하는 기획서는 결재권자의 이해를 돕지 못해 결과적으로 결재를 받지 못하는 경우가 생길 수 있다. 실무자일수록 업무의 깊이가 깊고 위로 올라갈수록 깊이는 얕은 대신 업무의 범위가 넓어진다. 기획서에 전문용어를 많이 사용하거나 '이런 것쯤은 알겠지' 해서 설명을 구체적으로 하지 않으면 최종 결재권자는 서류의 내용을 이해하지 못할 수도 있다. 일반적인 용어로 풀어쓰면 이해하기 쉬운 것을 굳이 약어로 표현하는 것은 피해야 한다.

C `customize` : 어떻게 상대방과 눈높이를 맞출 것인가?

한 번에 OK 사인을 받고자 한다면, 상대방이 누구인지부터 파악해야 한다. 쓰는 사람과 읽는 사람의 차이는 분명 존재한다는 것을 기억하자. 읽는 대상을 확실하게 알면 알수록 차별화된 콘텐츠를 생산할 수 있다. 채택 가부의 결정권을 가진 사람, '키맨key man'에게 기획의 이점을 중심으로 최대한 간결하게 어필하는 것이 요령이다. 다음에 소개하는 '소통의 ABC 법칙'을 활용하면 좀 더 쉬워질 것이다.

소통의 ABC 법칙

Approach(접근하기)

어떻게 상대방을 존중하면서 접근할 것인가? 항상 먼저 적극적으로 다가가되 낮은 자세를 유지하자. 거기에 밝은 미소와 상냥한 말투까지 곁들이면 만나는 사람들이 좋아할 것이다.

Building bridge(다리 놓기)

어떻게 상대방과 관계를 구축할 것인가? 관계 구축은 소통의 목적이다. 서로의 공통점과 신뢰라는 튼튼한 기반이 만들어져야 다리가 무너지지 않는다.

Customize(눈높이 맞추기)

어떻게 상대방과 눈높이를 맞출 것인가? 상대방이 무엇을 원하는지 조금만 생각한다면 상대방을 만족시키는 방법을 아는 것은 결코 어려운 일이 아니다.

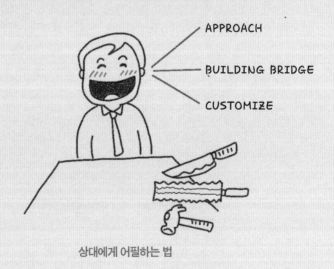

상대에게 어필하는 법

줌(ZOOM)의 성공 전략

코로나 19로 인하여 원격 업무 비중이 늘면서 온라인 협업 도구 또한 다양하게 제공되고 있다. 그중에서도 화상회의 솔루션 '줌'zoom은 눈에 띄게 성장하여 비대면 시대의 대표적인 서비스로 자리 잡았다. 그러나 화상회의·모임·강의 등을 제공하는 서비스가 줌밖에 없었던 것은 아니다. 기존에 업계 선두를 지켜오던 '스카이프'와 '웹엑스시스코' 등은 폭발적으로 사용자가 증가한 줌에 밀려서 1위의 자리를 내주고 말았다. 쟁쟁한 경쟁자들을 제친 줌의 성공비결은 무엇일까? 소통의 ABC에서 그 비결을 찾아보자.

Approach

소비자에게 쉽게 접근할수록 배려한 전략이 좋았다. 줌은 초기 접근단계에서 손쉬운 액세스와 무료 버전을 제공했다. 소프트웨어를 등록하거나 다운로드할 필요가 없으며, 손쉬운 개설은 물론 참가자들에게 링크 클릭만으로 회의를 참석 가능하게 배려해 스카이프, 웹엑스시스코, 마이크로소프트 팀즈, 구글미트 등과 같이 이메일 사용자들에 한정하는 불편함도 없었다.

Building brige

사용자와 긴밀한 관계 구축을 하기 위해서 노력을 많이 했다. 코로나 19로 인한 급작스런 성장의 기회가 다가온 만큼 위기도 같이 다가왔다. 보안과 개인정보에 대한 안전성 문제, 중국에서의 연구 개발 논란 등 전 세계적으로 보안과 안전성에 대한 의구심이 존재할 때 과감하고 신속한 대응으로 문제를 불식시켜 나갔다. 이에 더하여, 코로나 확산으로 인해 늘어난 비대면 교육·미팅이 줌의 편리성과 결합하면서 시너지 효과가 일어났다.

Customize

누구나 맞춤식을 원한다. 기존 선두업체들이 기업 대 기업 간 거래B to B, Business to Business에 신경 쓸 동안 줌은 기업 대 소비자 간 거래B to C, Business to Customer에 집중했다. 게다가 줌은 다른 도구와의 공유가 쉬우며, 호환성이 높았다. 그에 따라 사용자 간의 유기적 확산 경로를 확보하고 일상적으로 널리 쓰일 수 있었다. 공격적인 마케팅보다는 기존 사용자의 만족에 따른 긍정적인 평판, 사용 경험자들의 적극적 추천 등으로 전대미문의 성공을 거두었다.

기획서를 잘 쓰려면 니즈와 원츠부터 파악하라

대부분 사람은 원하는 것을 보여주기 전까지는
자신이 무엇을 원하는지도 모른다.
스티브 잡스

아이들이 스스로 손을 씻게 하려면 어떻게 해야 할까? 남아프리카공화국의 '블리키돕포호프Blikkiesdorp4Hope'라는 비영리단체는 아이들의 위생환경을 개선하기 위해 손 씻기 캠페인을 진행했다. 그런데 일방적으로 교육시키는 대신 아이들이 좋아하는 장난감을 넣어 비누를 만들었다. 아이들은 장난감을 만지기 위해 비누를 써서 자주 씻게 되었고, 이 캠페인 결과 남아프리카공화국 아이들의 질병 발생이 무려 70퍼센트나 감소하였다고 한다.

"내가 맡을 상대는 누구이며, 그가 원하는 핵심은 무엇인가?"

기획서를 작성하면서 상대가 누구이며, 원하는 핵심이 무엇인지 고민하고 시작하는가? 기획서를 작성할 때, 많은 작성자가 그동안에 모아 왔던 자료를 쏟아내기에 바쁘다. 사실 대부분의 비즈니스맨은 바쁘다는 핑계로 기존 자료를 그대로 쓰거나 약간 수정해서 작성하는 경우가 많다. 기획서를 작성하면서 고객의 요구가 어디에 있는지 알고 시작하는 실무자는 찾기 힘들다. 사전에 상대의 요구를 명확하게 모르는 것은 매우 치명적인 실수가 될 수 있다. 한두 번은 그냥 넘어갈지 몰라도 고객이나 기업의 특성을 고려하지 않는 기획은 신뢰성에 많은 흠집을 낸다.

기획서의 시작, 니즈와 원츠

기획서를 시작할 때 가장 중요한 요소가 니즈와 원츠를 파악하는 것이다. 니즈Needs와 원츠Wants의 차이는 무엇인가? 예를 들면 배가 고프다고 하는 것은 니즈이다. 그러나 배가 고파서 김치찌개를 먹고 싶다고 하는 것은 원츠다. 배가 고파 김치찌개가 먹고 싶은 사람에게 짜장면을 사줬다면 니즈는 파악했지만, 원츠는 파악하지 못한 것이다. 즉, 고객의 정확한 니즈를 파악하고, 그에 따른 숨은 의도인 원츠를 파악해야 한다. 잘된 기획서는 상대방이 무엇을 원하는지 파악하고 쉬운 그림을 쉬운 언어로 잘 설명한다. 상대방의 니즈를 충분하게 이해하는 것은 성공적인 기획을 위해 반드시 필요한 과정이다. 다음과 같은 질문을 되새김질해야 한다.

- 상대방은 남자인가? 여자인가? (이성과 감성 문제)

- 상대방은 일반인인가? 전문인인가? (용어 사용 문제)

- 상대방은 호의적인가? 비호의적인가? (협력·경쟁 문제)

- 상대방이 원하는 것은 무엇이고 원하지 않는 것은 무엇인가? (효과와 리스크 문제)

- 상대방이 얼마나 구체적으로 들어가길 바라는가? (분량 문제)

- 상대방은 어떤 결과를 기대하고 있는가? (기대치 문제)

상대의 니즈가 아니라 원츠를 찾아야 한다

니즈가 필요성의 개념이라면, 원츠는 잠재적 욕구의 의미로 세분화된 것이다. 곧 갖고자 열망하는 것이다. 그래서 원츠는 사람마다 천차만별이다. 개성이 중요시되는 시대에서 상대의 원츠를 무시한 기획은 결코 성공할 수 없다.

국내에서는 어떤 상품이 인기를 끌면 금세 모방상품을 기획해 내놓다 보니 브랜드 간에 경쟁이 치열할 수밖에 없다. 기획자도 차별화가 중요하다는 것을 알고 있지만 실상은 '그 밥의 그 나물'인 경우 가 대부분이다. 이렇게 차별화가 되지 않는 이유는 결국 상대방의 원츠를 정확하게 파악하지 못하기 때문이다.

기획 단계에서 자신의 제안이 가지고 있는 차별적인 우위를 찾는 'USP Unique Selling Point' 전략을 사용해야 한다. USP란 U Unique /독특한, S Selling/판매) , P Point/지점이라는 뜻이다. 즉 그 제품만이 가지고 있는 독특한 점을 찾아내 제안한다는 뜻이다. 정리하자면 제품 고유의 특징을 전달하는 것이다. USP는 다양한 분야에서

'차별화를 할 수 있는 요소'를 명기할 때 주로 사용되고 있는 용어이다. 1940년대에 유명한 카피라이터 로저 리브스Rosser Reeves가 처음 사용한 USP전략은 성공적인 광고 캠페인의 패턴을 설명하는 이론으로서 제시되었던 것이지만, 최근에는 그 의미가 다양하게 사용되고 있다. 리브스는 광고 침투율을 높이는 것은 독창성이 뛰어난 광고가 아니라 USP를 찾아내어 그것을 집중적으로 반복하는 광고라고 주장했다. 예컨대 프렌치 카페 믹스는 '프림까지 좋은 커피'를 강조해 광고했다. 독창성이 뛰어난 광고는 아니었지만 건강까지 챙기고 싶어하는 독자의 원츠를 찾아내 제품의 차별화 요소로 내세웠고, 그것을 집중적으로 광고해 성공했다.

니즈와 원츠의 차이

	니즈	원츠
순서	1차적 욕구	2차적 욕구
욕구	필요성	잠재욕구
설명	생존에 필요한 요소의 결핍을 채우려는 욕구	삶을 업그레이드하려는 욕구
시점	현실	미래
예시	냉장고 소유 욕구	김치 냉장고 사용 욕구

상대방의 숨겨진 진짜 욕구는 무엇일까?

상대방의 원츠를 정확하게 파악하기 위해서는 상대방에 대한 정보를 수집해야 한다. 직접 고객층이나 기획서를 보여줄 상대방과의 대면접촉을 통해 의도를 정확하게 판단하는 것이 좋다. 판매 사이트를 기획한다면 쇼핑몰을 운영하거나 운영한 경험이 있는 사람을 소개받아서라도 만나봐야 한다. 드러난 자료나 서류만으로는 상대방의 의도를 파악하기 어렵기 때문이다. 문제를 해결하기 위해서는 대면 과정에서 숨겨진 '진짜 문제true gap'를 찾아야 한다. 자료는 빙산의 일각에 불과하다. '진짜 문제'는 빙산의 보이지 않는 부분이기 때문에 아무래도 상대방에게 많이 의존할 수밖에 없다. 상대의 요구를 빨리 파악하고 그것을 이해하려는 자세가 결국 잘된 기획서의 원동력이 된다.

상대방의 말을 곧이곧대로 믿지 마라

기획자는 상대방의 말을 곧이곧대로 믿어서는 안 된다. 상대방의 말을 그냥 받아들였다가는 낭패를 보게 되는 경우가 많다. 상대방의 설명에 대해 항상 의문을 품어야 한다. 상대방이 '깜빡' 잊고 말하지 않았던, 자신이 예측하지 못했던 문제들에 부딪힐 가능성이 있기 때문이다.

상대방과 친해질 필요까지는 없어도 상대방에게 하고 싶은 말이 있는데 기분이 상할까 봐 말을 하지 않는 것은 옳지 않다. 물이 엎질러지기 전에 예측해서 질문을 던져라. 이런 질문은 피드백feedback이 아니라 '피드포워드feedforward'라고 한다. '피드포워드'란 사전에 먼저 알려주는 것을 말한다.

미래의 기대효과를 높이기 위해서는 사람들이 어떤 일에 착수하기 전에 성공에 필요한 정보를 미리 제공하는 것이 중요하다. 사소한 문제까지 사전에 깊게 생각할수록 좋은 기획이 된다.

사소한 문제까지 파고들어라. 기획자는 상대방이 깨닫지 못했던 문제까지 정확하게 판단할 줄 알아야 한다. "대부분의 사람은 원하는 것을 보여주기 전까지는 자신이 무엇을 원하는지도 모른다"라는 스티브 잡스의 말을 기억하자.

상대방을 대면 접촉했을 때 숨겨진 진짜 문제를 찾아라

비즈니스에서 내가 무엇을 하려고 할 때는 상대가 어떤 생각과 계획을 갖고 있는지부터 파악해야 한다. 이것을 사람들은 상대의 '의중'을 읽는다고 표현한다. 상대가 무엇을 원하는지 '의중'을 읽는다면 일이 좀 쉬워지지 않겠는가?

기획서를 작성할 때는 직접 상대방과의 대면접촉을 통해 의도를 정확하게 판단해야 한다. 왜냐하면 건네받은 서류만으로는 상대방의 의도를 파악하기 어렵기 때문이다. 그리고 문제를 해결하기 위해서는 숨겨진 진짜 문제true gap를 찾아야 한다. 마치 빙산의 일각에서 보이지 않는 것을 찾아야 하기 때문에 아무래도 상대방에게 많이 의존할 수밖에 없다. 상대의 요구를 빨리 파악하고 그것을 이해하려는 자세는 결국 기획에 큰 힘이 된다.

상대를 직접 만났을 때 질문을 해야 한다. 나중에 물어보려고 하면 결국 비활성화되어 소통이 되지 않는다. 어떤 문제든 직접 만나서 활성화되었을 때는 질문이나 협상이 가능하지만 한번 비활성화된 이슈에 대해 다시 물어보면 면박을 받기 쉽다.

활성화법칙, 단 한 번이다!

'나중에 물어봐도 되겠지.'

실무 현장에서 일하는 사람들을 보면 기획서 작성에만 초점을 맞추고 상대방의 요구는 건성으로 듣기 일쑤이다. 10년 차 실무자라도 상대방의 요구를 잘못 파악하면 낭패를 볼 수 있다. 기획서 작성이 어려운 이유가 여기에 있다.

"김 대리, '매출을 증대하기 위한 판촉행사 기획안' 좀 만들어봐."

상사의 지시를 받았다면 지시를 받았을 때 자세한 내용을 질문해야 한다. 기획서를 고객이나 업체에 보여줘야 한다면 사전에 직접 만났을 때 질문을 해야 한다. 필자는 이를 '활성화법칙'이라고 한다. 활성화법칙The Law of Activation이란, 어떤 문제든지 직접 만나서 활성화되었을 때는 질문이나 협상이 가능하지만 한번 비활성화된 이슈에 대해 다시 물어보기 쉽지 않다는 것을 의미한다. 나중에 물어보려고 하면 비활성화되어서 소통이 되지 않는다. 기회는 단 한 번이다. 그래서 사전준비가 되어 있지 않으면 얻을 수 있는 것이 적다. 나중에 물어보면 이제껏 뭐하다가 이제야 물어보냐고 면박을 받을 수도 있다.

또 미팅을 진행하면서 마치 모든 것을 다 아는 것처럼 사전 확인 없이 진행하면 곤란한 일이 발생할 수 있다. 이러한 방법은 자칫 잘못하면 큰 사고를 불러올 수 있다. 명확하게 범위를 정하고 기획서를 작성할 필요가 있다는 것이다. 의뢰자의 말만 믿고 열심히 작성해서 실제로 제출하면 거절하는 경우가 있는데, 의사소통이 잘되지 않았거나 의뢰자의 마음이 변했기 때문일 수도 있다.

니즈와 원츠를 넘어 수요를 끌어내라

'세상의 수요를 미리 알아챈 사람들'이라는 부제가 붙어 있는 책 ≪디맨드≫에서 에이드리언 슬라이워츠키Adrian J. Slywotzky는 "'진정한 수요'는 더욱 뛰어난 광고나 마케팅과는 무관하며 사람들의 열망을 이해하려고 노력하는 데 있다"라고 말한다. 수요 창조자들은 '사람들이 무엇을 진정으로 좋아할 것인가'에 대한 답을 구하려고 애쓴다는 것이다. 잘된 기획 안에는 이것이 담겨 있어야 한다.

상대방의 니즈 또는 원츠를 넘어 강력한 '수요Demand'를 끌어내야 한다. 'Demand 디맨드'란 상대방이 가진 강력한 수요를 가리킨다. 실제로 어떤 것what을 구매하려는 의지가 구체화되고, 그것을 구매할 수 있는 구매능력이 뒷받침된 특성 제품에 대한 욕구가 바로 디맨드다. 그러니까 실질적인 강력한 수요가 결여되어 있다면, 그것은 진정한 디맨드라고 할 수 없는 것이다.

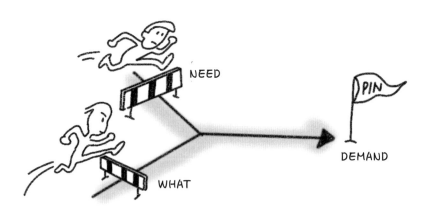

니즈와 원츠를 넘어 디맨드로

세계적인 경영학자 필립 코틀러Philip Kotler는 흔히 사람들이 앞의 3가지 개념을 혼동함으로써 범하는 실수들을 다음과 같이 지적했다. 니즈 또는 원츠를 디맨드로 착각하고 시장규모를 산출하고, 시장 트렌드를 분석한다는 것이다. 니즈와 원츠를 넘어 디맨드로 나가는 것이 기획서의 가장 중요한 역할이다. 이미 형성된 디맨드를 얼마나 많이 기획서에 반영하는가가 시장을 선도하는 데 핵심이다.

기획서 하나로 성공한 사람들

기획서를 잘 써서 성공할 수 있을까?

잘 쓴 기획 아이디어 하나로 억대의 부자가 된 사람들이 있다. 대표적으로 IT 업계에서 스타 창업가 커플로 유명한 문지원·호창성 부부이다. 이들이 2007년 창업한 동영상 자막서비스 '비키'viki.com는 2013년 일본의 전자상거래업체 라쿠텐에 2,100억 원에 매각돼 화제가 됐다.

창업 6년 만에 성공적으로 투자금을 회수한 비키는 창업자의 아이디어와 실리콘밸리의 창업 환경이 만들어낸 성과였다. 처음 아이디어는 영어에 한 맺힌 유학생들을 보면서 나왔다. '언어장벽을 없앨 방법이 뭐 없을까'를 생각하며 기획서를 썼다. 그 기획서가 스탠퍼드 창업 클래스를 통해 투자자를 만났다. 비키는 이용자들이 자발적으로 동영상 언어를 번역해 다양한 언어로 자막을 붙여주는 서비스다. 전 세계 뮤직비디오나 애니메이션을 아무런 대가 없이 자국어로 번역해서 비키에 올리는 이용자들이 160여 개국에 퍼져 있다. 인도 드라마를 스웨덴 사람들이 비키를 통해 스웨덴어로 즐길 수 있게 됐다. 지금도 매달 2,000만 명 이상이 비키를 이용한다. 비키가 공식 판권을 구입해 저작권 문제도 없다.

창업자들은 "남을 의식하지 않고, 내 멋대로 살다 보니 창업에 뛰어들었고 여기까지 온 것 같다"라고 말했다. 기획에서 가장 중요한 것은 어쩌면 끊임없는 호기심이다. 그 호기심과 자신감이 궁극적으로 안정된 것보다 더 큰 기획을 선택할 수 있는 힘이 된 것이다. 결국 아이디어를 잘 담은 기획서는 창업 투자를 받는 데 큰 역할을 했다.

한 번에 확~ 사로잡는 기획서의 핵심 전달법

단순함은 고도의 정교함이다.
레오나르도 다빈치

기획서 작성자의 고민은 문서를 작성하고 설명할 때 핵심을 전달 하기가 말처럼 쉽지 않다는 데 있다. 검토자가 짧은 시간에 보더라도 쉽게 알 수 있는 문서를 만들기란 생각보다 어렵다. 더구나 기획자는 문서의 양적인 면을 채워가기도 버거울 때가 있다. 짧은 시간에 핵심을 파악할 수 있도록 하는 방법은 없을까? EOB 법칙을 활용해보자.

어떻게 하면 핵심을 전달할 수 있을까? : EOB 법칙

- **Example** 실제 사례보다 강력한 것은 없다. 자신이 겪었던 경험이나 사건은 흡입력이 있다.

- **Outline** 아웃라인을 그려줘야 이해가 쉬워진다. 대략적인 얼개가 있어야 한다.

- **Benefit** 읽는 사람에게 어떤 이익이나 효과를 주는지 끊임없이 생각해야 한다.

E example : 실제보다 강력한 것은 없다

"테니스공 하나는 누구나 받을 수 있습니다. 그러나 두 개만 넘어가도 받기가 힘들어지고, 세 개 네 개가 넘어가면 아예 받을 생각을 못 하게 됩니다. 광고에서 전달하는 메시지도 테니스공과 같습니다. 메시지가 한 개뿐일 때는 광고를 보고 있는 소비자가 그 메시지를 쉽게 전달받을 수 있습니다. 그러나 메시지가 동시에 혹은 짧은 순간에 두 개 세 개 여러 개가 전달될 때는 거의 아무런 메시지도 전달할 수 없게 됩니다."

초코파이 하면 '정情'이라는 단어가 떠오를 수 있도록 '정 시리즈' CF를 기획했

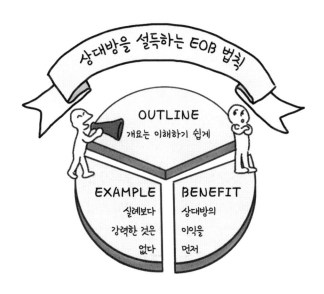

상대방을 설득하는 EOB 법칙

던 이용찬 전 오리온 부사장의 말이다. 메시지를 테니스공으로 예Example를 든 것이다. 한꺼번에 여러 메시지를 주면 상대방이 혼란을 느낄 수 있다. 말하고자 하는 바가 분명한 하나의 메시지로 고객을 설득시켜야 한다.

기획서를 작성할 때는 '원 페이지 원 메시지one page one message'로 한 장에 여러 메시지를 던지지 말고 하나의 메시지를 주어야 읽기 쉽다는 말이다. 복잡한 기획서를 쓰지 않으려면 반드시 한 장에 하나의 메시지만 쓰는 것이 명료하다는 것을 기억하라.

O outline : 대략적 아웃라인을 보여줘라!

기획서를 작성하기 전에 구현될 수 있는 아웃라인Outline을 그려야 한다. 상대방이 요구했던 것을 체크리스트로 만들어놓으면 좋다. 상대방의 의도에 맞는 여러 가지 사항을 일목요연하게 정리하여 체크리스트로 만들어놓으면 나중에 긴요하게 쓰인다. 체크리스트 없이 기획서의 개요를 작성하는 것은 마치 초대장 없이 연회장에 가는 것과 같기 때문이다. 체크리스트는 기획서를 작성하는 데 지대한 역할을 한다. 기획의 의도와 목적, 외부적 배경 및 내부적 원인, 현상, 목표, 문제점, 해결방안, 기대효과, 추진계획, 사업수행 지침, 기획서 작성요령, 관련 서식 등을 상세하게 챙겨야 한다.

기획서의 아웃라인은 OK 사인을 받기 위한 초대장이다. 기획자는 상대방과 미팅을 하는 즉시 상대방 분석에 들어가야 한다. 이때 가장 중요한 것은 체크리스트를 만들어 아웃라인을 빨리 잡는 것이다. 시간을 지체할수록 미팅에서 나누었던 이야기들이 점점 기억에서 사라져 가기 때문이다. 일단 기획서의 아웃라인을 잡게 되면 체크리스트를 만들고, 그 지침을 철저히 따르고, 회의가 열린다면 그 회의에서 제기할 질문 리스트도 미리 작성해둔다. 이때 관련 업무 담당자에게 명확한 설명을 요청하는 이메일을 보내는 것도 좋은 방법이다.

B benefit : 읽는 사람에게 이익을 줘라!

"어떻게 하면 이익을 극대화시킬까?"

기획 프로세스planning process는 현재 상황Situation을 파악하고 현실에 맞는 목표Goals를 세우고, 최대한 위험Risk을 적게 가져가야 한다. 기획은 성과를 높이기 위한 과정으로 구체적인 계획을 짜고 구현하는 것이기 때문이다.

기획서란 결국 이익Benefit을 극대화하는 전략을 세우는 과정이다. 예를 들어 여행을 기획할 때 '왜 여행을 가는가?Why', '무엇을 할 것인가?What', '어디로 갈 것인가?Where' 목적지를 정하고 난 후 '어떻게 갈 것인가?How'를 생각한다. 가고자 하는 여행 목적지가 분명하고 마음을 설레게 하는 곳일수록 추억에 남을 가능성이 높다. 기획서를 작성하는 것도 마찬가지이다. 기획서에 가슴을 설레게 하는 비전Vision과 미션Mission이 없으면 도달해야 할 목적지와 열정이 없다는 뜻이다. 기획서는 자신의 이익보다 상대의 이익을 먼저 챙겨주는 것이 키포인트key-point이다. '어떻게 하면 상대방을 설득시킬까?'가 아니라 '상대방이 원하는 것을 줄 수 있을까?'를 고민해야 한다.

기획은 '아직 일어나지 않은 일을 구현시키는 과정'이다

기획은 단순히 아이디어 발상법이 아니다. 기획이란 아직 일어나지 않은 일을 실제로 구현하기 위한 모든 과정을 의미한다. 실제로 구현되지 않으면 소용 없는 것이다. 따라서 기획단계에서 가장 유념해야 할 것은 '전략적 기획'이다. 기획은 크게 전략적 기획Strategic Planning, 전술적 기획Tactical Planning, 운영적 기획 Operational Planning 등으로 나뉜다. 전략적 기획Strategic Planning이란 기업이 조직의 목표를 효과적으로 달성하기 위해 장기간에 걸쳐서 수립하는 전체적인 큰 그림을 말한다. 이에 비해 전술적 기획Tactical Planning이란 전략에 비해 구체적으로 실천하기 위해 그때그때 달라지는 행동 대책을 말한다. 중요한 기획서는 무작정 쓰는 것이 아니라 전략적 기획이 된 후에야 작성이 가능하다.

공조직인 경우에는 전략적 기획과 전술적 기획을 합쳐서 정책적 기획을 한다. 정책적 기획Policy Planning이란 조직의 상층부에서 이루어지는 거시적 목표와 가치판단으로, 우선순위를 결정하는 과정이다.

마지막으로 운영적 기획Operational Planning이란 정책기획에서 설정된 목표를 구체적으로 실행하기 위해 중하부에서 이루어지는 관리차원의 기획을 말한다.

기획의 분류

기획서의 승부는 방향성에 의해 좌우된다

대부분의 운전자는 내비게이션을 사용해서 운전한다. 그러나 일을 그렇게 기계에만 의존하다 보면 실수를 하게 된다. 해외 토픽을 보면 자동차에 장착된 내비게이션을 믿고 가던 운전자가 벼랑이 떨어져 사망한 황당한 사고가 현실로 일어난다.

기획서의 핵심가치Core values를 설정할 때 우리 조직이 누구인지를 보여주는 정체성Identity을 분명히 해야 한다. 이것이 존재하지 않으면 기획서가 한 방향으로 정렬되지 않는다. 비전, 미션, 가치, 목표, 전략, 우선과제 등을 한 방향으로 정렬시키는 것이 바로 기획자의 몫이다. 예를 들어 광고 기획자는 그 상품의 정체성을 올바로 파악함으로써 상품의 메리트를 극대화시켜서 소비자의 욕구를 불러일으킬 수 있어야 한다. 즉, 아이디어만으로 승부하는 것이 아니라 정체성을 이해하고 강점을 살려내야 한다. 기획은 무작정 틀에서 벗어나는 것이 아니라 방향성을 가져야 강력한 설득력을 가질 수 있다.

'성공하려면 한 발짝이 아닌 반 발짝만 앞서야 한다'는 마케팅 기획자의 말을 되새길 필요가 있다. 대중보다 한 발 빠른 기획은 대중으로부터 외면당하고, 반대로 대중보다 한 발 늦은 기획은 철저하게 무시당한다. 딱 반 발짝 앞선 기획을 하라.

기획서 작성을 위한 워밍업 전략

1. 기획서의 양식에 목매지 마라.

아무리 좋은 양식이 있다고 해도 내용이 부실하면 아무 소용이 없다.

2. 기획서의 보고 대상이 결재권자인지 실무자인지를 파악하라.

상대방이 나무를 보는지 숲을 보는지 따라 핵심과 분량을 정해야 한다.

3. 상대의 니즈가 아닌 원츠를 파악하라.

상대방이 필요한 것만이 아니라 잠재적인 것까지 만족시킬 때 설득될 가능성이 많다.

4. 한 번에 OK 받는 전략을 세워라.

세상의 기회는 단 한 번 주어진다. 그 기회를 읽어내고 단 한 번에 OK 사인 받을 수 있는 전략을 세워라.

5. 더도 말고 덜도 말고 딱 반 발짝 앞선 기획을 하라.

좋은 기획서라도 때를 놓치면 소용없다. 너무 앞서가지도 말고, 너무 뒤쳐지지도 않게 반 발짝 앞선 기획을 하라.

파트 2
<u>초보도 쉽게 따라 할 수 있는</u>
기획력

아이디어를 만드는 데에도 여러 가지 방법이 있다.
하지만 무수한 아이디어 발상법을 다 아는 게 중요한 것이
아니다. 아이디어 발상법 10,000개를 아는 사람보다
단 1개라도 제대로 활용하는 사람이 기획서를 잘 작성한다.
기획자는 항상 어떤 아이디어를 기획서에 담을 것인가를
고민해야 한다. 그러기 위해서는 평소에 사소한 아이디어라도
적어두는 것이 좋다. 아무리 좋은 아이디어라도 담아놓지
않으면 소용이 없다. 또 좋은 아이디어는 결코 한순간에
생기지 않는다. 사소한 아이디어가 소중한 아이디어를
물고 온다.

다음 질문에 대한 대답으로 O, X 중 하나를 선택하시오. (결과는 52페이지에 있음)

1   나는 다양한 책을 읽는 편이다. (   )

2   나는 말을 할 때 상대방의 의도를 깊이 생각한다. (   )

3   나는 다양한 아이디어가 샘솟는 편이다. (   )

4   나는 수치에 매우 민감한 편이다. (   )

5   나는 노래방에서도 가사를 안 보고 노래를 부른다. (   )

6   나는 주변 사물에 대해서 관찰을 잘한다. (   )

7   나는 낯선 사람 앞에서도 주도적으로 이야기할 수 있다. (   )

8   나는 창의력이 있다는 말을 듣는 편이다. (   )

9   나는 새로운 환경에 적응이 빠른 편이다. (   )

10   나는 매사에 빈틈이 없고 꼼꼼한 편이다. (   )

11   나는 적극적인 사고를 하는 편이다. (   )

12   나는 상대방의 마음을 잘 읽는 편이다. (   )

13   나는 계획을 위해 다이어리를 상세히 적는다. (   )

14   나는 문장력이 있다는 말을 듣는다. (   )

15   나는 컴퓨터에 능숙한 편이다. (   )

16   나는 생각을 잘 그리는 편이다. (   )

17   나는 컴퓨터가 없어도 생각을 정리할 수 있다. (   )

18   나는 누군가에게 기획을 배운 적이 있다. (   )

19   나는 언제나 메모할 준비를 하고 있다. (   )

20   나는 지고는 못 사는 사람이다. (   )

17개 이상

당신은 언제라도 멋진 기획서를 잘 작성할 수 있는 사람이다. 당신은 인생을 주도적으로 살 가는 사람으로 기획력을 갖고 있다. 상황에 따라 적절하게 자신의 메시지를 만들 수 있는 사람이다.

13~16개

당신은 막판에 몰려 기획서를 밤새워서 작성하는 경향이 있는 사람이다. 일이 닥치면 그때 시작한다. 전체적으로 의사결정 판단이 늦다. 제일 먼저 타임 테이블부터 짜는 것이 좋다. 캘린더 프로그램을 이용하면 시간 알림 서비스의 효과를 볼 수 있을 것이다. 한편, 기획서 작성 경험을 늘릴 필요가 있다.

10~12개

당신은 기획서를 만들라고 하면 스트레스를 많이 받는 사람이다. 아직 기획을 많이 해본 것은 아니다. 전문적인 지식을 쌓을 필요가 있다.

9개 이하

당신은 아직 기획서를 작성하기에는 턱없이 부족한 상태이다. 당신은 창의적이며 적극적인 기획에 대한 관심이나 경험을 가져야 한다. 치열한 비즈니스 환경에서 살아남기 위해서는 창의적인 기획을 해야 할 필요가 있다.

기획을 잘하려면 질문하고 질문하고는 또 질문하라

비관주의자의 말은 대개 옳다. 하지만 세상을 변화시키는 것은 낙관론자다.
'무엇을' '어떻게'만 묻는 사람과 '왜'를 묻는 사람의 차이다.
사이먼 사이넥

기획적 사고력을 키우는 질문, '왜(Why)?'

"뛰어난 기획력을 갖추려면 어떻게 해야 할까요?" 각종 공모전에서 23회나 1등을 수상한 ≪기획의 정석≫ 박신영 저자는 '어떻게 하면 크리에이티브해질 수 있을까' 고민하다가 하루에 동화책을 200권씩 읽었다고 한다. 광고인이자 베스트셀러 저자 박웅현은 한 첩의 보약을 먹듯 박경리의 ≪토지≫를 읽었다고 고백한다. 그렇다고 기획력을 키우기 위해 무조건 다독多讀을 할 것이 아니라 숙독熟讀을 해야 한다. 한 권을 읽더라도 깊이 생각하면서 스스로 터득할 수 있도록 질문을 해야 한다.

≪나는 왜 이 일을 하는가≫의 저자 사이먼 사이넥Simon Sinek의 이야기를 들어보자. "'왜?'라는 질문이 원하는 것은 이유, 목적, 신념 같은 것이다. 당신 회사의 존재 이유는 무엇인가? 매일 아침 당신은 무엇을 위해 달콤한 잠자리를 박차고 일어나는가? 그토록 애를 쓰는 이유는 무엇인가?" 최고의 명강의, TED 역대 최다 조회수 850만 건을 기록한 사이먼 사이넥은 모든 것은 '왜?'로부터 시작된다고 말한다.

우리 대다수는 자신이 '무엇을What' 하는지 알고 있다. 회사에 다니고 세일즈를 하고 조직을 꾸리고 디자인을 하고 투자를 유치하고 표를 얻기 위해 뛰어다닌다. 그리고 실무자들은 자신이 '어떻게How' 하는지도 안다. 그들은 이 '어떻게'에서 경쟁력의 요체가 나온다고 믿는다. 그러나 '왜Why'를 알고 그걸 말하는 사람은 드물다. 애플이나 라이트 형제, 마틴 루터 킹 목사가 남다른 이유는 골든 서클 사고를 했기 때문이다. 어떤 일을 할 때 무엇을What, 어떻게How 하는 것이 중요한 것이 아니다. 먼저 왜Why 하는가가 더 중요하다. 생각의 전환이 남다른 결과를 만들어내는 것이다.

사이먼 사이넥은 인간의 두뇌 사고과정을 분석해 마음을 움직이는 힘으로 '골든 서클 모델'을 제시한다. "애플이 경쟁사에 비해 더 창조적일까? 실력도, 자금사정도 부족한 라이트 형제는 어떻게 제일 먼저 비행기를 발명할 수 있었을까? 위대하고 영감을 주는 세상의 모든 리더와 조직은 이 패턴대로 생각하고 행동하고 커뮤니케이션한다. 이것을 체계화한 것이 '골든 서클Golden Circle'이다."

보통 사람들은 What무엇에 초점을 맞춘 사고를 하는 데 반해 위대한 리더는 Why목적의식/미션를 먼저 수립한 후, 그 목표를 어떻게 무엇을 할 것인가를 정한다. 이것이 '위대한 리더들이 행동을 이끌어내는 법'이다.

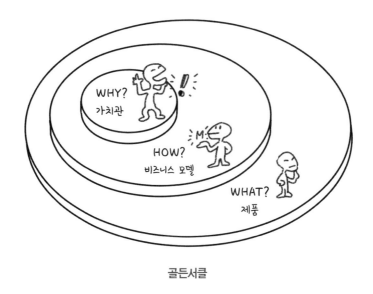

골든서클

- **Why** 나는 왜 이 일을 하는가?(존재이유, 신념)

- **How** 어떤 방법으로 할 것인가?(Why를 실현하기 위한 행동)

- **What** 무엇을 할 것인가?(행동의 결과물, 제품 및 서비스)

기획 초안을 잡는 십하원칙 질문법 – 5W 4H 1T

기획서를 작성하기 전에 '왜 이 기획서를 작성하는지' 논리를 먼저 세워야 한다. 그러기 위해서 무조건 주어진 일을 해결하는 것보다 자신에게 맡겨진 과제에 대한 질문을 던져 해결하는 능력을 키우는 것이 더 중요하다. 현명한 질문을 위해서는 상황을 명확하게 파악하고 철저한 준비가 필요하다.

질문은 기획을 시작하는 촉매제의 역할을 한다. 기획서를 준비할 때에는 어떤 질문을 할 것인가를 먼저 생각해야 한다. 당신이 하는 질문을 듣는 순간, 사람들은 당신의 질문을 통해 당신을 평가한다. 기획자에게 있어 질문은 칼이다. 소극적으로 대응하기보다는 적극적 질문이 결국 해답을 찾을 수 있다. 다소 실수가 있더라도 질문을 많이 던져라. 질문은 적극적으로 상대의 마음을 여는 열쇠Key가 된다. 단칼에 핵심을 찌르겠다는 생각은 내려놓고 진짜 기획의 키가 되는 질문을 해야 한다. 상대를 배려하면서도 날카로운 질문은 그냥 지나갈 수 있는 것도 자극을 주어서 상대의 반응을 이끌어낸다.

질문법에는 크게 폐쇄형 질문법과 개방형 질문법이 있다. 폐쇄형 질문법은 '예/아니오' 식의 대답이 정해진 질문법인 반면, 개방형 질문법은 대답이 정해져 있지 않은 질문이다. 기획을 위한 질문을 할 때는 가능하면 개방형 질문을 사용하는 것이 좋다. 개방형 질문법은 확산적 사고력을 증진시키기 때문이다. 상대와 이야기를 나눌 때에는 정해진 답만을 요구하거나 선택을 강요하는 질문보다는 상대의 생각을 자유롭게 이야기할 수 있게 하는 질문이 좋다. 일방적인 질문은 상대에게 적합한 답변을 끌어내기 힘들다. 의사소통의 목적을 보다 정확하게 하고 생각의 폭을 넓힐 수 있는 질문이어야 한다. 또한 대뜸 질문하는 것이 아니라 단계적으로 질문하는 것이 중요하다. 필자가 만든 '십하원칙'을 5단계 손가락 질문법으로 외우면 쉽다.

첫 번째 엄지 Who? → Why? : 상대가 누구인가?

바로 앞에 있는 사람이 제일 중요하다는 의미로 상대가 누구인지 잘 알아야 설득할 수 있다는 것이다. 실행자, 관련자 등 검토할 상대를 고려하면서 기획의 의도를 파악하는 것이 중요하다. Who에 집중하다 보면 Why가 보인다. '왜 이 기획을 입

기획 초안을 잡는 십하원칙

안하는가?'에 대한 의도, 이유, 배경 등을 파악하면 좋다.

두 번째 검지 What? → Target? : 무엇을 하려 하는가?

기획의 내용을 파악하면서 주제가 무엇인지 범위를 좁혀가면서 타깃을 분명하게 하는 질문이다. 10대, 20대, 30대 등 연령대에 따라 주 고객 대상은 누구인지 분명하게 생각해보는 것만으로도 기획하는 데 도움이 된다.

세 번째 중지 Where? → How many? : 어디로 갈 것인가?

기획의 내용을 좀 더 자세하게 파악하기 위해서 어디를 읽고, 어디에서 찾을 것인지를 분명하게 하는 질문이다. 자료가 어디에 있는지 온라인 검색뿐만 아니라 오프라인 현장에 직접 가서 확인해보는 것도 중요하다. 그래서 현장에 모든 답이 있다고 한다. 도요타자동차를 세계 최강 기업으로 만든 경영철학 '삼현주의'를 기억하라. '삼현주의＝現主義'란 눈으로 직접 현장을 보고 배우는 '현장주의現場主義', 손으로 직접 물건을 만져보면서 느끼는 '현물주의現物主義', 발로 직접 주변 환경을 밟아보면서 확인하는 '현실주의現實主義'를 말한다. 이런 과정을 통해서 구체적인 수량이 정해진다.

네 번째 무명지 How? → How much? : 어떻게 추진하려 하는가?

아무리 좋은 기획도 실행하지 않는다면 소용없다. 증명, 방법, 절차, 도구 등을 어떻게 궁리하다 보면 비로소 기획 전략이 생긴다. 예산·손익계산·비용은 얼마인가?

다섯 번째 약지 When? → How long? : 어떤 일정으로 실행할 것인가?

언제부터 언제까지, 얼마나 걸리는가? 마지막으로 타임 테이블을 명확하게 설정해야 한다. 처음에는 상대방이 누구인가부터 시작해서 점차 구체적인 내용에 접근하는 것이다.

이처럼 기획서의 골격을 만드는 데는 십하원칙＋何原則, 5W 4H 1T에 따라서 작성하면 쉽게 초안을 완성할 수 있다. 십하원칙은 다음과 같다.

01 **WHO** : 누가 실시하는가? (실행자, 관련자)

02 **WHY** : 왜 이 기획을 입안하는가? (의도, 이유, 배경)

03 **WHAT** : 무엇을 하려 하는가? (기획의 주제, 내용)

04 **TARGET** : 주 고객 대상은? (연령대, 직업)

05 **WHERE** : 어디서 실시할 것인가? (지리적·자연적인 환경 장소)

06 **HOW MANY** : 수량은 얼마나 되는가? (건수, 분량)

07 **HOW** : 어떻게 이 기획을 추진하려 하는가? (방법, 절차, 도구)

08 **HOW MUCH** : 비용은 얼마나 들고 얼마나 벌 수 있는가? (예산, 손익계산)

09 **WHEN** : 언제, 어떤 일정으로 실행할 것인가? (타이밍, 기간)

10 **HOW LONG** : 언제부터 언제까지, 얼마나 걸리는가? (스케줄, 기간)

문제해결은 'Who' 질문으로 시작하라

문제를 해결하는 질문하기의 초점은 'Who' 질문을 통해 시작하는 것이 좋다. 질문할 때 초점을 'What'에 맞추면 근원적 해결점을 찾기 힘들다. 단순한 정보만 끌어낼 가능성이 많다. 질문은 초점의 축이 'Who'에게 맞춰질 때 자기성찰을 하고 내면을 들여다보게 할 수 있다. 사전에 질문 목록을 만들어서 기획회의를 시작하면 수월하게 서두를 열 수 있다. 다양한 질문에서 다양한 사고가 싹튼다. 현명한 질문을 통해 자신의 에너지를 끌어올려라. 긍정적인 질문은 해결책을 만들어내기까지 마력을 발휘한다. 질문은 다른 사람들에게만 하지 말고 자신에게도 되물어봐야 한다. 현명한 해결책이 나올 때까지 계속 질문을 던져라. 예상치 못하게 엉뚱한 방향으로 나가려 할 때 질문 하나가 반전을 유도한다. 기획을 시작할 때 질문 목록을 들고 들어가라. 자신이 준비한 질문이 던지는 파장을 정확하게 이해하는 것이 바로 질문법의 핵심이다. 질문을 하기 위해서는 평소 풍부한 지식을 쌓아야 한다. 어떠한 경우에도 상대방에게 질문을 던져 이끌어갈 능력이 있다면 금상첨화가 된다. 신문이나 서적 등을 통해 풍부한 정보를 갖추고 있다면 필요한 경우 적절한 예를 이용하면서 질문을 던질 수 있을 것이다. 신문이나 서적을 보면 그냥 읽지만 말고 스크랩을 하거나 메모를 해두면 나중에 도움이 된다. 훌륭한 질문 하나가 인생을 바꾼다. 현명한 질문은 더 많은 것을 배우고 발견하도록 우리를 자극하며, 삶에서 무엇이 중요한지를 일깨우기도 한다.

애플을 변화시킨 잡스의 질문

좋은 질문은 세상에 혁신을 가져온다. 매킨토시 개발 당시 팀의 수석 엔지니어는 컴퓨터의 효율성을 높이기 위해 노력해 부팅 시간을 약간 줄였고 그 결과를 스티브 잡스에게 자랑스럽게 보여주었다. 그러자 잡스가 물었다.

"이게 자네가 할 수 있는 최선인가?"

"앞으로 매킨토시 사용자가 몇 명이나 될까?"

스티브 잡스는 매킨토시 팀의 엔지니어에게 이 질문을 던졌다. 만약 매킨토시 부팅시간을 10초 줄인다고 생각해보면 500만 명이 사용한다고 가정할 때 하루에만 5,000만 초를 줄일 수 있고, 1년이면 수십 명의 수명에 해당하는 시간을 줄일 수 있다고 잡스는 결론을 내렸다. "10초 더 줄일 만하지?" 불가능하다고 생각했던 엔지니어들이 다시 작업에 매달렸고 부팅 시간 10초를 줄이는 데 성공했다.

"이게 자네가 할 수 있는 최선인가?" 이 질문은 '부팅 속도를 줄이는 것이 사람들의 시간을 아껴주는 일'이라는 사실을 직원들에게 일깨웠다. 최상의 품질과 혁신적인 서비스를 만드는 애플의 원동력은 바로 이런 탁월한 질문에서 시작된 것이다.

"이게 우리가 할 수 있는 최선인가?"

윤 코치의 기획서 실전 TIP

맥킨지에서 사용하는 'GROW' 질문법

G **goal** : 목표설정 질문

- 당신이 정말 원하는 것은 무엇인가?

- 현재의 상황이 어떻게 변화되기를 원하는가?

- 이 문제를 해결하는 것이 당신에게 어떤 가치가 있는가?

- 이 기획을 통해 어느 정도까지, 얼마나 구체적인 성과를 얻고 싶은가?

- 10년 후의 내 모습은 어떤 것인가?

R **reality** : 현상확인 질문

- 현재 상황은 구체적으로 어떠한가?

- 지금까지 이 문제를 개선하기 위해 시도해 본 것은 무엇인가?

- 과거에 자신의 힘으로 어려움을 벗어난 경험이 있는가?

- 당신은 어떤 자원(시간, 돈, 역량, 동기)을 가지고 있는가?

- 진짜 문제의 본질은 무엇인가?

O option : 대안파악 질문

- 이 문제를 해결할 수 있는 방법으로 어떤 것을 할 수 있는가?

- 크든 작든 상관없이 해결책 리스트를 만들어보자.

- 당신이 상대방이라면 무엇을 결정하겠는가?

- 그것에 대해 어떤 대안들이 가능한가?

- 어떤 대안이 최상의 성과를 가져다줄 것으로 예상하는가?

W will : 실행의지 질문

- 당신에게 이것을 실행하는 것이 어떤 의미가 있는가?

- 이 계획을 통해 어떤 이득을 얻을 것인가?

- 이 행동을 취하는 데 어떤 개인적 반대가 예상되는가?

- 구체적인 행동은 정확하게 언제 시작해서 언제 마치려고 하는가?

- 목표에 따른 세부적 계획을 갖고 있는가?

기존의 틀을 버려라

위대한 정신을 가진 사람은 항상 평범한 사람의 극심한 저항에 부딪힌다.

팀장　　"자네 기획서의 문제는 뭐라고 생각하는가?"

김 대리　"처음부터 생각대로 작성되지 않았습니다. 생각이 꼬여서 뒤죽박죽 잘
　　　　　되지 않던데요. 그래서 이것저것 짜깁기했어요."

팀장　　"회사생활하면서 스스로 기획서 하나 혼자 힘으로 작성하지 못하다니!"

　최근 김 대리에게는 큰 문제가 생겼다. 이는 김 대리만의 문제가 아니라 어쩌면
상당수 직장인들이 겪었음직한 문제일 것이다. 옛날 같으면 팀장이 직접 가르쳐
주기도 했지만 다들 바쁘다 보니 혼자 해야 해서 스트레스는 가중되고 있다. 그렇
다면 어떻게 해야 할까? 기존의 틀을 버린다고 해서 전혀 새로운 무엇인가를 만
들어내는 것은 아니다. 기존의 틀을 버리고 새롭게 '조합'하는 것이 중요하다.

기존의 틀을 깨는 기획을 하려면

누구나 사고의 틀에 갇혀 있을 때에는 고정된 사고밖에 할 수 없다. 그러나 기획은 기존 틀에서 벗어나 해결방안을 제시해야 한다. 미 해군 최초 여성 제독이자 최초의 컴파일러를 개발한 그레이스 머레이 호퍼Grace Murray Hopper는 "이제 낡은 틀을 깨라. 낡은 기획의 틀을 깨고 창의적인 기획을 세워야 한다"라고 말한다. 뛰어난 수학자 앙리 푸앵카레Jules Henri Poincare는 이렇게 말한다. "창의적인 아이디어를 만들기 위해서는 삐딱하게 생각해봐야 한다."

기획이란 단순히 일련의 사실을 정연하게 제시하는 것이 아니라 상대방의 인식을 바꾸는 행위Reframing이다. 따라서 기획자가 주도권을 잡고 상대방을 설득하기 위한 전략이 필요하다. 하나의 사물을 볼 때 서 있는 면만이 아니라 다양한 면을 고려한 기획서가 상대의 마음을 확 사로잡을 수 있다. 따라서 나의 기획 메시지를 어떻게 상대에게 이해시킬 것인가를 기획적 사고를 통해 다각도로 접근해야 한다. 자칫 일방적인 면을 강요하다 보면 상대로부터 외면받을 수 있다. 단순하게 자신의 입장만을 강요하는 것이 아니라 진정으로 상대의 입장에서 자신이 준비해온 메시지를 전달할 때 비로소 상대의 마음을 얻게 될 것이다.

예를 들면 세계 최고의 엘리베이터업체 오티스OTIS가 엘리베이터 속도를 높이기보다는 내부에 거울을 붙여서 이용자들이 엘리베이터 속도가 느리다는 것을 인지하지 못하도록 한 발상은 창의적인 사고의 예이다. '엘리베이터 안에 거울을 장착한다'는 아이디어는 어떻게 보면 누구나 생각할 수 있을 것 같이 간단하다. 하지만 문제해결을 속도가 아닌, 거울을 통해 접근했다는 데 높은 점수를 줄 수 있다. 스웨덴에 본사를 둔 가구회사인 이케아IKEA가 중국 시장에 진출하면서 아파트 엘리베이터에 기상천외한 광고를 한다. 삭막한 엘리베이터 안에서 의자를 갖춰 따뜻한 커피를 주면서 카탈로그를 나누어주는 기발한 방식이다. 아무도 주목하지 않은 광고매체에 접근한 아이디어가 창의적인 발상으로 성공한 것이다. 그렇다면 창의적인 아이디어 발상은 어떻게 할 것인가?

생각을 확산하고 그림으로 수렴해보고, 확산적 사고 vs 수렴적 사고

세상에는 172에서 많게는 300가지에 달하는 아이디어 발상법이 있다. 이 많은 아이디어 발상법을 모두 이해하는 것은 어려운 일이다. 여기서는 꼭 알아야 할 몇 가지 아이디어 발상법만 소개하겠다.

아이디어 발상은 확산적 사고와 수렴적 사고를 통해 심사숙고하는 과정이 중요하다. 여기에서 심사숙고深思熟考란 돌을 차곡차곡 쌓아 탑을 세우는 '바텀업 bottom-up 방식'과 제목·목차·근거·사례 등을 일관성 있게 한 번에 일필휘지一筆 揮之하는 '톱다운Top-down 방식'을 말하는 것이다.

확산적 사고Divergent Thinking가 '자료를 취사선택하고, 정보를 탐색하고, 상상력을 발휘하여 다양한 해결책을 모색하는 사고과정'이다. 반면, 수렴적 사고 Convergent Thinking는 '문제해결을 위해 지식·지혜·통찰 등을 동원해서 가장 적합한 해결책을 결정하는 사고'이다. 그렇다고 기획적 사고가 곧 확산적 사고를 말하는 것은 아니다. 확산적 사고가 고정관념에서 탈피해 다양하며 유연한 사고를 말한다면, 수렴적 사고는 명료하게 정제된 체계적이며 논리적인 사고를 말한다. 결

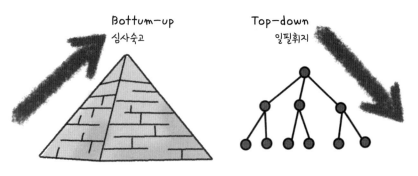

Bottom-up vs Top-down

국 기획적 사고란 확산적 사고와 수렴적 사고를 통합할 때 가능하다.

자료를 찾을 때는 확산적인 사고가 좋고, 자료를 정리할 때는 수렴적인 사고가 좋다. 확산적인 사고가 가능한 많은 가능성을 탐색하는 과정이라면, 수렴적인 사고는 최대한 이미지가 뚜렷하게 보이도록 초점화하는 것이다. 심사숙고는 탑을 세우는 과정에서 확산과 수렴을 통해서 구체적인 사실과 근거를 통해서 귀납법으로 이루어지고, 일필휘지는 한 번에 맥락을 파악하여 핵심을 먼저 제시하고 부연하는 연역법을 사용한다. 심사숙고가 패턴을 찾아가는 것이면 일필휘지는 패턴을 따라가는 것이다. 이런 크로스 체크를 통해서 기획서가 단단해진다.

아주 뻔한 것일지라도 뒤집어 보고, 엎어 보고, 거꾸로 보는 방식은 심사숙고에서 매우 중요한 사고방법이다. 뒤집어 본다는 것은 안과 밖을 허무는 것이고, 엎어 본다는 것은 위와 아래가 반대로 섞어 보는 것이고, 거꾸로 본다는 것은 순서나 방향을 반대로 바꿔 보는 것이다. 이와 같이 심사숙고해서 다각적으로 생각하는 방법이 중요하다.

기획적 사고 vs 비기획적 사고

사람들은 누구나 선입견을 가지고 있다. 그 틀에서 벗어나야만 기획적 사고를 할 수 있다. 우리의 사고를 옭아매고 있는 기존의 틀을 깨고 무엇인가를 연상하는 능력이 바로 기획력의 기본이다.

생각은 크게 '기획적Planning 사고'와 '비기획적Non-planning 사고'로 나눌 수 있다. '기획적 사고'란 사물이나 현상을 나타난 그대로 수동적으로 파악하는 '비기획적 사고'와는 대비되는 개념이다. 사물을 보고 판단할 때 다양한 면을 살피는 확산적 사고에서 나온 많은 양적 아이디어를 수렴적 사고로 논리정연하게 체계화시켜 뛰어난 질적 대안을 고르는 것을 '기획적 사고'라고 한다.

기획적 사고의 흐름은 하나의 정보로부터 직접 다른 정보로 능동적으로 옮겨가는 데 비해, 비기획적 사고의 흐름은 충동적이며 불연속적이다. 기획적 사고가 사실기반fact-oriented의 이성적이고 체계적이라면, 비기획적 사고는 반응기반response-oriented의 즉흥적이고 감정적이며 유동적이라고 볼 수 있다.

기획자에게 필요한 것은 다양한 의견을 수렴할 수 있는 안목이다. 상대의 마음까지 읽어낼 정도로 사려 깊은 사람이 되어야 한다. 급격히 변하는 비즈니스 상황에서 동일한 사물을 보더라도 여러 각도에서 살펴보는 기획적인 사고는 필수이다. 전체적으로 자기주장만 강해서는 설득력이 없다.

경영자의 눈 vs 현장실무자의 눈

인간의 머리는 좌뇌와 우뇌로 이루어져 있다. 뇌행동학에서는 좌뇌를 많이 사용하는 사람들은 이성이나 연산력 등이 좋고, 우뇌를 많이 사용하는 사람들은 감성이나 창의력 등이 좋다고 한다. 좌뇌는 사실에 뿌리를 둔 나무를 보고, 우뇌는 아이디어가 매달린 숲을 본다. 그래서 해결책을 찾더라도 사실을 생각해야 하고, 숲을 만들 때도 나무 한 그루를 생각해야 한다.

대부분의 사람들은 숲만 보거나 나무만 보는 실수를 한다. 이런 실수를 극복하려면 망원경과 현미경을 통해 초점을 맞춰야 한다. 현미경으로 보듯 더 자세히 보거나 망원경으로 보듯 멀리 떨어져서 보려는 시각을 의식적으로 가지면 남들과 다른 시각에서 남들이 볼 수 없는 것을 찾아낼 수 있다.

망원경처럼 전체적인 접근을 하는 것을 '경영자의 눈', 현미경처럼 세부적인 접근은 '현장실무자의 눈'이라고 할 수 있다. 쉽게 말하면 처음에는 망원경으로 전체를 보고 나중에는 현미경으로 세부사항을 살펴보는 것이다. 기획자는 망원경과 현미경을 통해 심사숙고를 해야 한다. 망원경과 현미경을 번갈아 봐야 사고의 균형이 잡힌다. 망원경은 독수리처럼 숲 전체를 조망해서 보고, 현미경은 개미처럼 눈에 보이지 않을 정도로 사소한 나무를 보는 데 활용한다고 생각하면 이해하기 쉬울 것이다. 마치 카메라의 줌zoom처럼 자신이 서 있는 입장만이 아니라 다른 입장도 고려할 수 있는 여지를 만들어야 좋은 기획을 할 수 있다.

경영자의 눈(망원경) vs 현장 실무자의 눈(현미경)

기존 기획의 틀에서 벗어나는 5가지 전략

기획을 할 때 일정한 패턴을 갖고 하는 것이 초보자에게는 도움이 된다. 하지만 잘못된 틀은 오히려 새로운 것을 받아들일 때 걸림돌이 되기도 한다. 기존 기획의 틀에서 벗어나는 전략이 필요하다.

1. 의심 나는 것은 꼭 확인해봐라 틀에서 벗어나는 것 못지않게 검증해 봐야 한다. 구체적 사실과 근거를 체크하자.

2. 지혜를 얻으려면 마음을 열어 보여라 마음을 열지 않으면 새로운 것을 볼 수 없다. 호기심을 갖고 보자.

3. 기존 패턴에서 의도적으로 벗어나라 운을 탓하기보다 직접 스스로 찾아야 한다. 독창적인 생각Original idea을 적는 것부터 시작하자.

4. 역발상으로 접근하라 익숙한 틀에서 벗어나려면 거꾸로 보아야 한다. 틀을 뒤집어 생각할 때 관련 없는 것들을 연관시켜 보자.

5. 상대방의 의표를 찔러라 도저히 막다른 곳에 몰릴 때는 정면으로 도전해야 한다. 상대가 예상하지 못했던 공격을 과감하게 하자.

생각의 지도를 그려라

사고는, 마치 장군이 휘하 군대를 행동시키기 전에 지도 위에
작은 모형들을 움직여 보듯이, 적은 양의 에너지로 하는 실험적인 행동이다.
지그문트 프로이트

사람은 하루에 평균 5만 가지의 생각을 한다는 연구보고서가 있다. 옛말에 '5만 가지 생각을 한다'는 말이 있는데 실제로 사람은 하루에 5만 가지 생각을 하다 보니 생각은 어느 곳에 안착하기보다는 둥둥 떠다니는 습관이 있다. 그래서 생각을 어디에 안착시키기 전에 밑그림을 그려보는 것이 좋다. 마치 어디를 가기 전에 지도를 미리 봐 두고 머릿속에 나만의 생각의 지도를 그려보면 더 빨리 가는 것과 같다.

생각의 지도를 그리는 방법으로 생각나는 대로 아이디어를 내놓는 방법인 '브레인스토밍Brainstorming', 말하는 내용을 글로 써놓고 다듬는 '브레인라이팅Brain writing', 전체적 핵심어를 적고 그것에 확산하여 덧붙이는 '마인드맵Mind-map', '시각적 사고Visual thinking', '로드맵Road map' 등이 있다. 생각의 지도를 그릴 때는 컴

퓨터를 바로 사용하지 말고 우선 손으로 그려라! 글을 쓰지 않더라도 마음에 지도를 그리듯 종이에 직접 그리는 것이 매우 중요하다. 이런 생각의 지도를 통해 창조적인 사고를 할 수 있다.

브레인스토밍, 생각을 터뜨려라!

꽃망울을 터뜨려야 꽃이 핀다. 단순히 꽃망울을 갖고 있다고 꽃이라 하지 않는다. 아이디어도 마찬가지이다. 아무리 창의적인 아이디어가 있더라도 꽃망울에 불과하다. 꽃망울을 터뜨려야 꽃이 되는 것이다. 생각만 갖고 있으면 그것으로 멈출 때가 많다. 꼬리에 꼬리를 물고 이 생각 저 생각 계속 확산해서 생각을 터뜨리는 게 중요하다.

1939년 알렉스 오스번이 개발한 브레인스토밍brainstorming은 누구라도 어디서든지 간단히 응용할 수 있다는 장점 때문에 급속도로 퍼져 나갔다. 브레인스토밍은 발상기법이라기보다는 발상을 쉽게 만드는 사고방법으로 '발상법의 발상법'이라고도 불린다.

브레인스토밍을 하는 과정에서는 아이디어가 거칠수록 더 좋다. 아이디어들이 나오면 한 사람이 그 아이디어를 기록하며, 이러한 번득이는 생각들이 모여 문제를 해결하는 최선의 방법을 찾게 된다. 원래 한 가지 문제를 집단적으로 토의하여 제각기 자유롭게 의견을 말하는 가운데 일반적인 사고방식으로는 도저히 생각해 낼 수 없는 독창적인 아이디어가 튀어나오도록 하는 것이 바로 브레인스토밍이다.

실제 기획과정에서 여럿이 모여 브레인스토밍을 할 때는 질문을 간결하게, 기간 요건이 포함되도록 하면 훌륭한 아이디어를 끌어낼 수 있다. '향후 6개월 이내에 매출을 20% 향상시키기 위해 무엇을 할 수 있을까?' '향후 10년 안에 유인 우주왕복선을 달에 쏘아 보내려면 어떻게 해야 할까?' 존 F. 케네디 대통령이 10년 안에 미국이 유인 우주왕복선을 달에 보내겠다고 했을 때 당시의 기술로는 로켓이 지구의 중력을 뚫고 이륙하기에는 너무 무겁다는 문제가 있었다. 이 문제를 브레인스토밍 해보자. 아래 이미지를 참고하라.

여럿이 모여 브레인스토밍을 할 시간적 여유가 없다면 아이디어 발산을 위해 혼자라도 브레인스토밍을 할 필요가 있다.

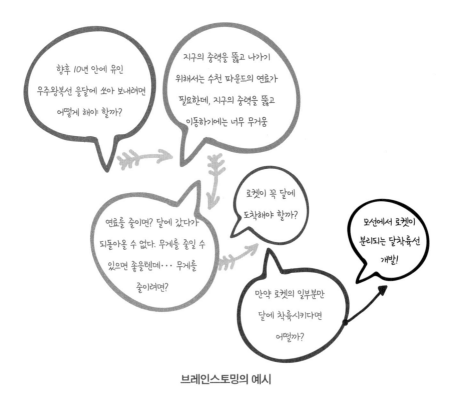

브레인스토밍의 예시

01 어떤 내용이라도 아이디어를 비판하지 말아야 한다.

02 자유분방하고 엉뚱한 아이디어라도 환영해야 한다.

03 아이디어 발산을 통해 될 수 있는 대로 많은 아이디어를 내놓아야 한다.

브레인라이팅, 생각나는 대로 써라!

하루에만 5만 가지 생각을 한다고 얘기했었다. 생각이란 휘발성이 있어서 좀 있다가 다시 생각하려고 하면 이상스럽게 생각이 나지 않는 경험을 했을 것이다. 그럴 때 좋은 방법은 머릿속에 생각나는 것을 써놓는 것이다. 생각나는 대로 메모하라. 아이디어 발상을 할 때 떠오르는 생각을 쓰는 방법이 있다. 브레인라이팅 brain writing이다.

브레인라이팅은 브레인스토밍의 변형으로, 떠오르는 생각을 쓰는 방식이다. 6명 내외의 적당한 인원의 참가자들이 모여 주제에 대해 3개 아이디어를 5분 내에 적고, 다른 사람이 그 카드에 아이디어를 적는 방식이다. 독일인 홀리겔이 개발한 '635법6명이 둘러앉아 3개 아이디어를 5분 내에 기입하고 옆으로 돌리는 방법'을 바텔연구소에서 개량한 아이디어 발상법으로, 브레인스토밍과 다르게 생각을 말이 아니라 글로 표현하는 방법이다. 남 앞에서 발표를 꺼려하는 사람들이나 말하는 게 부담스러워하는 사람 등이 효과를 볼 수 있는 방법이다.

2명 이상의 사람이 모여 말을 하지 않고, 종이에 자신의 생각을 쓰고 그것을 다른 사람과 교환하여 검토 후 다시 쓴다. 회의에 참가한 사람의 수가 많거나 많은 아이디어들을 빠르게 생성하고 싶을 때도 유용하다. 어느 정도 익명성이 보장되기 때문에 말로 표현하기 어려운 감추어진 의견이 제시되어 활발한 토론이 제기될 수 있다. 또, 결과물을 글로 남길 수 있어 자료로 활용할 수 있다. 다른 사람의 아이디어에 쉽게 따라서 쓸 수 있어 아이디어 발상을 쉽게 할 수 있고 침묵 속에서 진행되기 때문에 자유롭게 사고할 수 있다는 장점이 있다.

brain writing 브레인라이팅을 할 때 유의할 점

01 브레인스토밍보다 구성원들의 자발성이 떨어질 수 있다.

02 글을 쓰는 것 자체를 두려워하는 사람이 대다수라면 효율적이지 못하다.

03 의견들이 엇비슷해질 수 있으므로 최대한 다른 의견을 내려는 노력이 필요하다.

브레인라이팅의 예시

마인드맵, 생각의 지도를 그려라!

마인드맵mind map은 말 그대로 '생각의 지도'를 말한다. 생각을 지도처럼 이미지화하는 사고기법으로 1971년 영국의 토니 부잔Tony Buzan이 레오나르도 다빈치의 메모에서 영감을 받아 개발한 이래 사고력을 키우는 두뇌 계발기법으로, 학습의 효과를 극대화시키는 공부법으로 인기를 끌어왔다. 마인드맵 기법은 오른쪽 뇌와 왼쪽 뇌를 균형 있게 사용할 수 있는 학습기법으로, 기법은 간단하지만 잘 숙달하여 사용하면 확실히 효과가 있다고 한다.

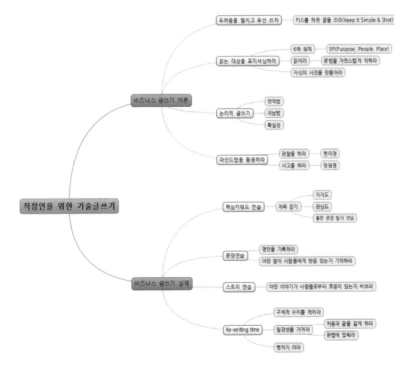

마인드맵 프로그램을 활용한 예

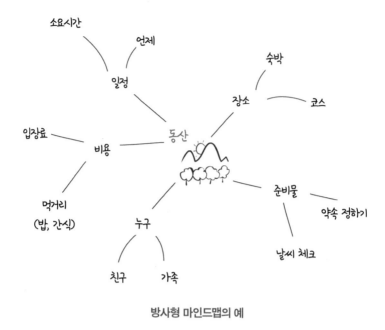

방사형 마인드맵의 예

마인드맵을 그리는 방법은 간단하다. 먼저 핵심 단어, 주제를 중심에 그려놓고 떠오르는 생각을 중심을 기준으로 퍼져나가는 식으로 적어나가면 된다. 마인드 맵은 핵심개념에서부터 부차적인 개념으로 전개되기 때문에 주제에서 벗어날 염려가 없다. 독서와 관련하여 책 요약, 글쓰기를 위한 생각 그물 만들기, 독후감 활동으로 마인드 맵 그리기 등 다양하게 활용할 수 있다.

'종이 한 장, 연필 한 자루만 있으면 누구나 쉽고 간단하게' 할 수 있는 마인드맵이지만 몇 가지 유의할 점이 있다.

`mindmap` **마인드맵을 할 때 유의할 점**

01 강조하라 : 마인드맵의 중앙에는 항상 이미지를 사용하라.

02 결합시켜라 : 가지들의 연결 관계를 화살표로 사용하라.

03 명확히 하라 : 하나의 선에는 하나의 핵심어만 사용하라.

생각을 이미지화하라

뇌는 이미지를 좋아한다. 뇌는 문자적인 것을 접했을 때보다 이미지를 접했을 때 상상력과 창의력이 증가되어 더욱 선명하게 기억된다. 마인드맵, 시각적 사고 등이 생각을 정리할 수 있는 중요한 도구로 활용되는 이유이다. 생각을 정리하고 기획서를 작성하는 데도 매우 중요한 역할을 한다. 특히 마인드맵은 멀리서 볼 때주제의 선명성, 대제목와 가까이서 볼 때세부적인 내용, 소제목과 내용 큰 차이가 있다는 것을 알게 된다. 마인드맵을 보면 자신이 지금 어떤 주제에 대해 글을 쓰고 있고, 어느 위치에 있으며, 앞으로 어떻게 주제를 끌고 가 결론을 낼 것이라는 지도를 손에 쥐고 작업에 임할 수 있다.

생각의 지도를 그리기 위한 5가지 전략

생각은 일정한 맥락을 갖고 뻗어나가기 마련이다. 그 맥락을 논리적으로 재구성하는 것이 바로 생각의 지도를 그리는 과정이다.

1. 문제를 재정의하라

어떤 문제든지 해결방안을 제시하기 위해 문제를 다시 생각해보는 습관이 중요하다. 무엇이 잘못된 것인지 재정의해봐라. 애매모호한 문제일수록 해결방안을 제시하기 어렵다. 문제에 대해 자신의 정의와 문제의 범위가 맞는지 확인해야 한다. 상황에 맞는 재정의가 비교적 명확한 해결방안을 낳는다.

2. 수립된 정보를 잘게 쪼개고 칼질하라

문제를 명확하게 재정의하고 문제해결에 대한 정보를 수집한다. 수집된 정보는 철저히 파헤쳐야 한다. 대충 접근하는 것이 아니라 정보를 자르고 칼질할수록 문제해결에 가까이 갈 수 있다. 문제해결을 위해 정보를 수집하기 위해서는 꿈속에서 나올 정도로 몰입하자.

3. 생각의 가지를 뻗어라

기존의 정보를 바탕으로 최대한 많이 '생각의 가지'를 뻗어라. 생각의 가지를 통해 다양한 아이디어를 찾아야 한다. 안과 밖, 앞과 뒤, 좌와 우, 위와 아래, 과거와 미래, 시간과 공간 등을 뛰어넘어서 생각해봐라. 주제와 연관성이 적더라도 생각의 가지를 최대한 뻗어라.

4. 생각나는 아이디어는 모두 그려라

성공한 사람들은 번뜩이는 아이디어를 무조건 메모하거나 그렸다. 성공한 사람들의 공통점은 한 가지 뛰어난 아이디어를 실천했다는 것이다. 번쩍했다고 모두 좋은 아이디어가 아니다. 실제로 **99%**는 별 볼일 없는 아이디어가 대부분이다. 그러나 어느 날 문득 번쩍 아이디어의 영감으로 무언가를 깨달을 수도 있다. '유레카!'라고 외치며 발가벗고 목욕탕에서 뛰쳐나온 아르키메데스처럼 말이다.

5. 핵심 아이디어 중심으로 생각을 좁혀라

아이디어를 계속 확산시키다 보면 문제해결에 대한 진척이 안 될 수도 있다. 어느 정도 아이디어를 확산시켰다면 가장 핵심적인 아이디어를 골라내야 한다. 아이디어가 과연 현실성이 있는지, 공상에 불과한 것인지를 판단하는 과정이다.

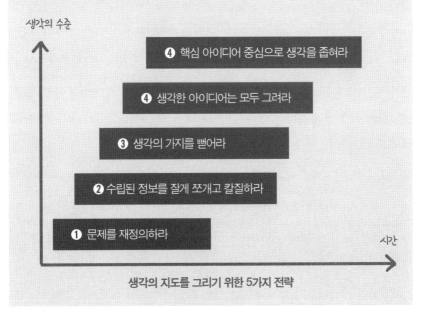

생각의 지도를 그리기 위한 5가지 전략

모든 기획은 자료조사에서 시작된다

사건 조사에 필요한 것은 사실뿐이다. 전설이나 소문은 아무 도움이 되지 않는다.
코난 도일의 〈셜록 홈즈〉 중에서

흔히 정보화 시대는 가고 지금은 '빅데이터 시대'라고 말한다. 빅 데이터Big data 라는 개념은 모바일과 웹 기술의 급속한 발달로 데이터양이 기하급수적으로 늘어나면서 2010년부터 주목받기 시작했다. IT 업계에서 빅데이터의 중요성을 언급하면서 관련 책과 기사가 쏟아지기 시작했다. 기존에는 수집된 데이터를 어떻게 활용하느냐에 중점을 두었다면, 빅데이터를 활용하면서부터는 사용자가 관심을 가질만한 매력적인 콘텐츠를 기획하거나 성향을 분석하여 개인화된 콘텐츠 personalized contents를 제공하는 쪽으로 큰 패러다임이 이동하고 있다. 일례로 아마존닷컴이나 페이스북의 경우 고객에게 맞춰진 콘텐츠를 미리 제공하기 위해서 인공지능을 사용하고 있다.

세계적인 베스트셀러 작가 스티븐 킹은 집필 과정에서 시장조사를 하는 것으

로 유명하다. 스릴러 영화 <위험한 정사>도 개봉하기 전에 관객 반응을 조사해
본 결과 마지막 클라이맥스 부분에 긴장감이 부족하다는 평가가 나왔고, 영화사
측에서는 이를 적극 수용해서 좀 더 극적인 결말이 되도록 재촬영과 재편집을 한
끝에 8,000만 달러 이상의 수익을 올렸다고 한다. 이와 같이 시장조사를 활용하
면 성공확률을 높일 수 있다. 패션브랜드 자라Zara는 전 세계 400여 개 매장의 판
매 데이터를 분석하는 빅데이터를 활용해 고객에게 인기 있는 제품 위주로 다품
종 소량생산하면서 업계의 선두 주자로 자리매김할 수 있었다.

자료조사로 시장이나 동향을 파악하라

그렇다면 자료조사는 어떻게 해야 할까? 자료조사의 대표적인 방법은 정량적
조사와 정성적 조사가 있다. '정량적 조사quantitative'는 양에 따라 조사하는 것이
고, '정성적 조사qualitative'는 종류와 특징에 따라 조사하는 것이다. 정량적 조사
가 일정한 모집단의 표본을 대량 수집해서 그들의 관계를 알아내거나 습성을 판
단하는 데 주력하는 반면, 정성적 조사는 그보다 적은 수의 표본을 사용하지만
깊은 곳까지 파고들 수 있다. 정량적 조사가 여론조사라면, 정성적 조사는 인터
뷰 조사라고 할 수 있다. 정량적 조사는 사물의 양적 측정과 관련되어서 흔히 '하
드데이터hard data'라고 하고, 정성적 조사는 사물의 존재 이유를 이해하는 것으로
써 '소프트 데이터soft data'라고 한다. 이처럼 질적·양적 측면에서 검증할 수 있는
자료를 준비해두면 기획의 설득력은 더 높아진다.

1차 자료 vs 2차 자료

1차 자료	조사	정량조사(설문조사) 정성조사(포커스 그룹)
	관찰	매장 내 동선(매장 디스플레이) 구매 동향 조사
	실험	캠페인 1차 진열
	기타	기타 영업일지, 고객별 분석, 고객 응답 이메일
2차 자료	공식간행물	정부 백서, 통계자료
	잡지, 책	비즈니스 잡지, 도서
	신문	일간지, 전문지 인터넷 신문
	기타	웹매거진, 뉴스레터

그런데 일일이 인터뷰나 많은 자료조사를 할 수 없다면 어떻게 할까? 블로그, 커뮤니티, 트위터, 페이스북, 카카오스토리 등 사람이 만들어내는 것을 '휴먼 데이터Human data'라고 하는데, 이를 활용하는 것도 좋은 방법이다. 기획 주제와 관련이 있는 인터넷 동호회, 카페 등 게시판을 통해서도 간편하게 자료조사를 할 수 있다. 가능한 한 독자적으로 조사해서 객관적인 자료를 갖고 있는 것이 상대를 설득하는 데 매우 유리하다.

information 의미 있는 정보(Meaningful information)의 4가지 조건

01 목적성 : 이 정보가 목적에 맞는가?

02 시의성 : 이 정보가 핫이슈인가?

03 중요성 : 이 정보가 다른 정보보다 중요한가?

04 신뢰성 : 이 정보가 신뢰할 만한가?

기획자는 업계 트렌드를 꿰고 있어야 한다. 준비자료 없이도 한 시간 동안 자신의 생각을 펼칠 수 있을 만큼 비즈니스 트렌드를 훤히 꿰뚫고 있어야 한다. 기획력이 뛰어나다고 해도 비즈니스 트렌드를 잘 모르면 결국 옛날 정보를 읽는 데 그칠 수도 있다. 반면 비즈니스 트렌드에 적합한 기획서는 오래 기억되어 더욱더 경쟁력을 높일 것이다.

키워드 검색만 하지 말고, 서식검색을 병행하라

많은 사람들이 자료조사를 할 때 키워드로 검색을 한다. 그러나 서식도 검색할 수 있다는 사실은 잘 모르고 있다. 구글 검색www.google.co.kr을 할 때 서식을 포함해서 검색하면 서식도 함께 검색이 가능하다. 예를 들어 PPT 파일이 들어간 기획서 파일의 검색을 원한다면 '기획서 filetype:ppt'라고 검색하면 되고, PDF 파일 검색을 원한다면 '기획서 filetype:pdf'라고 검색하면 된다. 실제로 인터넷에 접속해서 구글로 들어가서 다음과 같이 쳐보자.

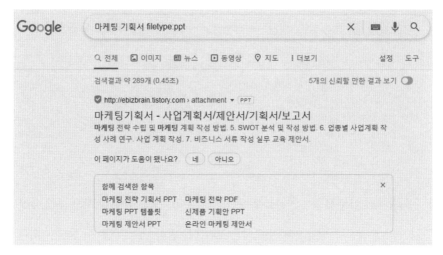

마케팅 기획서 filetype:ppt로 검색한 예시

정보는 디렉터리 방식이 아니라
키워드 방식으로 정리하라

　정보 없이는 전략도 없다. 그러나 정보도 무작정 수집하는 것이 아니라 꼭 필요한 것만을 도출해내야 한다.

　신문, 잡지, 논문, 책, 인터넷 등을 통해 최신의 필요한 정보를 검색했더라도 이 자료만으로는 의미가 없고 정보를 정리해야 한다. 정보를 정리해 저장할 때 찾기 쉽도록 관리하는 것이 더욱더 중요하다. 컴퓨터에 있는 자료를 정리할 때는 디렉터리 방식보다는 키워드 방식으로 하는 것이 효과적이다. 이렇게 정리하면 컴퓨터 자료 정리에 많은 시간을 소비하지 않아 효율적이다.

　최근 블로그 마케팅 기법에서도 네이버나 구글의 검색엔진이 정확하게 이해하도록 키워드를 최적화하라고 이야기한다. 이것을 검색엔진 최적화SEO, Search

Engine Optimization라고 한다. 최적화된 콘텐츠를 통해 해당 키워드를 검색 상위에 노출하는 방법이다. 누적 100만 명 방문자수보다 오늘 하루 1,000명 방문자수가 중요하다는 것을 말한다. 네이버 검색할 때 '검색 옵션'을 정렬방식 '최신순'으로 바꿔보자. 이런 키워드 저장방식은 최신 트렌드를 반영시킬 때 시너지효과를 얻을 수 있다.

정보수집의 3원칙

정보수집 3원칙		정보정리 3분류	
규격화	규격에 맞게 정보수집	**문서형태**	hwp, doc, ppt, pdf 등
즉시화	정보를 즉시 모으고 즉시 검색 가능	**주제 구분**	기획, 영업, 마케팅, 제안 등
집중화	정보 집중 관리	**전달방식**	이메일, 칼럼, 논문, 책, 직접 소통 등

자료조사는 검색이 아니라 분석력으로 이루어진다

'천재란 99퍼센트가 땀이며 나머지 1퍼센트가 영감이다'라는 말을 한 에디슨이 발명왕이 된 것도 천재성이 아니라 땀 흘린 노력 덕분이다. 노력은 날카로울 정도로 매섭게 해야 한다.

'지식knowledge'이란 추상화된 문제해결의 단위이다. 지식은 한 번 배웠다고 끝나는 것이 아니라 중장기적으로 영향을 미치고 지속적일 때 의미를 지닌다. 지식은 언제든지 서랍에서 꺼내 쓸 수 있는 것이 아니라 효과적인 정보수집 방법에 의해 그때그때 달라지는 현상을 새롭게 인식하는 것이다. 물고기 요리를 할 때 물고기를 머리·몸통··지느러미·꼬리 등 경계가 명확한 것은 나누고, 명확하지 않은 것은 명확해질 때까지 칼질을 해야 한다. 정보를 분석할 때 전략적 분석 테크닉에 대해 다룬 책 ≪전략 경쟁 분석≫의 저자 크레이그 플라이셔Craig S. Fleisher가 개발한 'FAROUT'를 사용하면 매우 유용하다. 다음에 제시하는 6가지 기준에 부합하지 못하면 의사결정권자들이 분석결과에 대해 만족할 수 없게 된다.

FAROUT 분석을 할 때 유의해야 할 FAROUT

01 Future orientation (미래지향적) : 분석방법은 과거지향적이 아니라 미래지향적이어야 한다.

02 Accuracy(정확성) : 정확한 분석결과를 창출한다.

03 Resource efficiency(자원효율성) : 데이터 수집비용이 결과물 가치보다 적게 들어야 한다.

04 Objectivity(객관성) : 가설의 편향성, 집단적 사고를 유의한다.

05 Usefulness(유용성) : 알 필요가 있는 결과를 개발하여 니즈를 충족시키고 결과를 도출한다.

06 Timeliness(시의적절성) : 걸리는 시간, 데이터의 수명 등을 고려해야 한다.

기획서의 신뢰를 높이는 근거자료를 찾아라

성공하는 기획서는 대개 참고자료를 통해 뒷받침되는데, 의미 있는 자료를 수집해야 신뢰성을 높일 수 있다. 이때 요구되는 것으로 수치자료, 인용자료, 참고자료 등이 있다.

수치자료 : 가장 많이 쓰이는 설득 근거

가설을 뒷받침하려면 수치 데이터를 수집해야 한다. 근거 중에서 가장 설득력 있는 자료는 수치 데이터이다. 우선 숫자로 표시된 결과는 납득되기 쉽다. 논리적 근거를 확보하기 위해서는 객관적인 통계자료가 제일 많이 쓰인다. 기획과 관련 있는 수치 데이터가 있다면 그것을 가장 먼저 찾아놓으면 쓸데가 많다. 만일 타 부서와 관련되는 사항이 있다면 해당 부서의 담당자와 미리 인터뷰를 해두어서 협조사항이 발생하거나 반론이 나올 경우 어떻게 대처할지 협의해두는 것도 좋다.

예) 우리 회사 제품을 사용한 고객 1,000명을 대상으로 설문조사를 실시한 결과….

인용자료 : 잘 알려진 전문가의 말 인용

기획서에서 가장 많이 쓰는 방법이 전문가의 의견을 인용하는 것이다. 구체적인 사례를 들면 좋다. 이때 가장 중요한 것은 2차 자료가 아닌 1차 자료이다. 기획자가 자신의 의도에 맞게 직접 수집하여 최초로 분석되는 자료를 '1차 자료'라고 하고, 다른 곳에서 수집·분석한 자료를 재분석한 것을 '2차 자료'라고 한다. 이미 알려진 것조차 조사되지 않았다면 읽는 사람은 허탈할 것이다. 관련 자료, 국내외 사례 등 참고할 만한 것을 찾아서 필요한 부분을 인용해야 한다. 이때 인용자료에는 반드시 출처를 밝혀야 한다.

인용부호를 쓸 때는 어떤 사람의 말을 그대로 옮길 때도 있지만 어떤 책의 문장을 옮겨 쓸 때가 더 많다. 이때는 인용부호 괄호를 치고 어느 저자의 어떤 책, 몇 페이지에 나오는지 자세히 표기한다. 자칫 인용자료는 지루해질 수 있기 때문에 기획서를 작성하면서 문장을 요약하는 것도 실력이다. 글을 요약할 때는 일단 논점을 정확하게 파악하고 핵심사항만 간단명료하게 정리한다.

> 예) '한 가지 생각을 표현하는 데는 오직 한 가지 말밖에는 없다'라는 플로베르의 유명한 '일물일어설(一物一語說)'을 기억하자.

참고자료 : 백데이터까지 정리

참고자료는 기획서에서 매우 중요한 부분이다. 이를 통해 문서를 작성하기 위해 얼마나 준비했는가를 파악할 수 있다. 내용들에 적합한 문헌을 참고했는가는 상당히 중요하다. 참고했거나 관련 있는 자료 등을 기획서 제출 시에 요구하는 경우가 많다. 다만, 논문을 쓰듯이 참고문헌을 너무 상세히 알려줄 필요는 없지만, 기획서에 담지 못했던 백데이터back data를 보여주면 좋아하는 고객들도 있으니 유의하기 바란다.

참고문헌bibliography은 관련 문헌을 모두 실은 것을 말하고, 인용문헌references은 본문에서 참고 인용한 문헌들만을 게재한 것이고, 해제목록annotated bibliography은 해제를 곁들인 것을 말한다. 참고자료를 작성할 때는 특별한 예외가 없으면 기획서에 열거된 자료만으로 작성한다. 작성하는 순서는 단행본, 논문, 잡지 및 신문, 웹사이트 등으로 나누어 작성하며, 저자별 가나다순으로 작성한다.

아무리 기획서의 디자인이 훌륭하고 그것을 뒷받침하는 근거가 좋아도 직접적 경험을 능가할 수는 없다. 이때 필요한 것이 외부정보 획득이다. 자사 이외의 외부

정보를 획득하는 방법은 바깥으로 나가서 직접 눈으로 확인해보거나 직접 주요 인사와 접촉해서 인터뷰해 보는 것이다. 진정한 고수는 인적 네트워크를 통해 정기적으로 정보 수집을 한다. 이런 외부정보에 대한 진지한 관찰은 자신의 관점을 강화할 수 있다. 기획서의 큰 그림을 그리기 위해서는 먼저 자세한 조사를 선행해야 한다. 무턱대고 큰 그림을 짐작으로 그리려고 해서는 안 된다. 기획자들은 체적이고 세밀한 자료를 먼저 찾고 나중에 보편적이고 포괄적인 자료를 찾는다. 이럴 경우에는 기획의 방향이 처음부터 시야가 좁아질 수 있는 단점이 있다. 전체적인 시장과 같은 큰 자료부터 시작하여 경쟁업체 현황과 같은 세밀한 자료를 조사하는 것이 균형 있는 기획서를 만드는 데 유리하다.

기획자에게 유용한 정보사이트 15

- 썸트렌드www.some.co.kr : 소셜 검색, 연관 키워드, 감성 키워드, 소셜 인사이트, 탐색어 맵, 여론 등을 볼 수 있어 기획자가 아이디어를 찾을 때 유용함.

- 랭키닷컴www.rankey.com : 웹사이트분석 평가서비스로, 사이트 순위·트래픽 분석을 제공. 특히 전문가 칼럼은 최근 트렌드를 읽어볼 때 유용함. 유료사이트임.

- ARCHIVE www.archive.org : 전 세계 웹사이트들의 페이지를 정기적으로 통째로 수집하기 때문에 전 세계 웹사이트들의 이력을 한눈에 알아볼 수 있는 빅데이터로 유용함.

- OPEN LIBRARY www.openlibrary.org : 무료로 이북(ebook)을 빌려볼 볼 수 있는 미국 온라인 도서관으로, 신간·베스트셀러 등이 있고 간단한 이메일 등록으로 하루에 다섯 권을 빌릴 수 있음.

- ITFIND www.itfind.or.kr : 과학기술정보통신부 정보통신기획평가원에서 운영하는 IT 지식포털 서비스로, IT 뉴스, 시장통계, 특허·학술·표준 분석보고서, 연구보고서까지 다양하게 볼 수 있어서 유용함.

- 국가통계포털www.kosis.kr : 국내통계·세계기구통계·북한통계 등 통계청에서 운영하는 통계자료를 한눈에 볼 수 있어 기획자에게 유용한 사이트.

- 갤럽www.gallup.co.kr : 한국갤럽의 최신 자료를 보고 싶다면 뉴스레터를 신청.

- 에버노트www.evernote.com : 할일노트, 아이디어, 스크랩 등 업무생산성을 높여주는 사이트로, 전 세계에서 1억 명 이상이 사용하고 있을 정도로 보편적으로 활용되고 있음.

- 구글알리미 www.google.co.kr/alerts : 구글알리미에 관심키워드를 등록하면 관심분야의 데이터를 수시로 받을 수 있음.

- 구글독스 Google Docs : 문서도구, 스프레드시트 등에 중요한 문서를 저장하면 협업도 가능하고 클라우드 기반이기 때문에 어디서나 확인 및 수정·출력이 가능함. 구글독스 사용법 참고 http://me2.do/FecncT3x

- 폴라리스 오피스 www.polarisoffice.com : 무료어플로 아이폰과 안드로이드 모두 사용가능하며, 워드뿐만 아니라 한글도 지원하기 때문에 스마트폰으로 간단한 작업을 할 때 유용함.

- 드롭박스 www.dropbox.com : 클라우드 스토리지 서비스로, 가입부터 사용까지 매우 간편하며, 기본 2GB 무료로 제공해줌.

- 캠스캐너 CamScanner : 스마트폰 어플로 수업내용, 회의내용, 업무문서, 영수증 등 스마트폰으로 찍어서 보관하기 편리함.

- 피들리 www.feedly.com : RSS를 기반으로, 홈페이지에서 회원가입 후 자주 찾는 블로그와 사이트를 등록해두면 새로운 소식이 있을 때마다 알아서 가져와 목록에 보여줌.

- 핀터레스트 www.pinterest.com : 차트와 인포그래픽 자료가 많음. 자신이 간직하고 싶은 사진이나 글, 여행지 등을 차곡차곡 '보드'로 분류하고, 그 '보드' 안에 원하는 정보를 '핀'으로 꽂아 저장하여 보관할 수 있음.

비대면 시대, 기획자에게 유용한 협업 툴

코로나 19로 인하여 재택 근무가 일상화되면서 비대면 업무가 크게 늘었다. 기획 또한 예외가 아니어서 아이디어 단계부터 브레인스토밍, 기획서 작성, 프레젠테이션에 이르기까지 온라인으로 회의를 진행하는 경우가 많아졌다. 이러한 경향을 반영하여 최근에는 비대면 업무를 위한 다양한 협업 서비스들이 제공되고 있는데, 그중에서도 기획자가 활용하기 좋은 사이트들은 다음과 같다.

- 실시간 질의응답과 투표 : 슬라이도sli.do, 멘티미터mentimeter.com
- 아이디어 공유 : 패들렛padlet.com
- 아이디어 구조화 : 다이날리스트dynalist.io
- 화이트보드와 같은 협업 툴 : 미로miro.com, 뮤랄mural.co, 알로allo.io(비캔버스 BeeCanvas에서 최근 변경), 마림바www.marimba.team 등의 서비스를 이용하면 실시간으로 참여한 내용을 볼 수 있어 좋다.

파트 3

단 한 번에 생각을 정리하는
기획서 초안 작성법

싱싱한 재료를 써도 요리하는 손이 미숙하면 맛이 없다.

10년차 기획자도 간과하기 쉬운 것이 바로 논리 구성이다.

구성요소 중 몇 개만 빠져도 논리의 비약이 쉽고,

어느 하나의 요소를 빠트려도 설득력이 약화될 수 있다.

기획서의 구성요소에는 여러 가지가 포함될 수 있겠으나

가장 많이 쓰이는 핵심요소만을 추려서 담았다.

하나하나의 구성요소를 채우다 보면 자신도 모르게

논리적인 구성을 체득할 수 있을 것이다.

먼저 전체적인 콘셉트맵을 그려라

문제 제기는 종교가나 예술가처럼, 상황파악은 과학자처럼,
본질추구는 철학자처럼, 구상계획은 정치가처럼, 구체적 대책은 사업가처럼,
절차화는 기술가처럼.
카와기다 지로(KJ법 창시자)

기획서 초안은 어떻게 구성하면 될까?

"어떻게 하면 기획서 초안을 빠르게 잡을 수 있을까요?"

어느 날 게임회사에서 강연이 끝났을 때 한 직원이 이렇게 질문을 던졌다. 그만큼 초안 구성이 어렵고 힘들다는 것을 반영한다. 초안은 자신의 생각을 문서로 객관화시켜보는 과정이다. 기획서가 한 번에 OK 받기 위해서는 초안의 골격을 제대로 잡는 것이 매우 중요하다. 하지만 단 한 번에 기획의 콘셉트는 잡는 것이 생각보다 쉽지 않다. 특히 우리나라 사람들은 콘셉트 키워드 설정 등 큰 그림을 그리는 것에 약하다.

먼저 명확한 개념을 잡아야 한다. '콘셉트concept'란 어떤 사물이나 현상에 대한 여러 관념 속에서 공통된 요소를 뽑아내어 종합해서 얻은 하나의 보편적인 관념을 말한다.

기획서는 용어의 정의를 어떻게 하느냐에 따라서 달라진다. 용어의 정의는 크게 개념적 정의와 조작적 정의로 나누어진다. 첫째, 개념적 정의conceptual definition란 어떤 개념의 의미를 사전적으로 정의를 내린 것이다. 예를 들면, '킨포크kinfolk'는 '친척, 친족 등 가까운 사람'이라는 사전적 의미를 가진 영어이다. 그런데 새롭게 떠오른 트렌드 용어 '킨포크 라이프kinfolk life'는 미국 포틀랜드의 잡지 <킨포크>로부터 영향을 받아, 자연친화적이고 건강한 생활양식을 추구하는 사회현상을 의미한다. 둘째, 조작적 정의operational definition는 특정한 문서에서의 개념을 기획 목적에 부합되도록 규정하는 것이다. 예를 들면 '킨포크 라이프kinfolk life'란 느리고 여유로운 자연 속에서 소박하게 먹고 마시고 즐기는 삶의 질에 초점을 맞추는 풍조를 지칭하는 용어라고 할 수 있다.

기획서의 방향을 결정하는 단계에서 가장 중요한 것은 밑그림을 그리는 것이다. 기획자는 넓은 관점에서 기획의 전체적 콘셉트는 검토해야 한다. 예를 들면 광고기획, 디자인기획, 컨설팅기획, 경영기획, 마케팅기획, 영업기획, 세일즈기획 등 다양한 기획의 내용에 따라 기획서 작성은 각기 다른 방법으로 구성되어야 한다. 콘셉트의 성격을 중심으로 내용과 연계해서 전체적인 구성을 만드는 것이 중요하다. 따라서 기획 분석, 콘셉트 설정, 자료 수집, 시장현황 조사, 대책 수립, 전략 설정, 실행 계획 등 대략적인 기획서 구성을 세워야 한다.

교육 기획서를 제출할 때를 생각해보자. 언제 교육을 실시할 것이고, 교육 장소를 어디로 할 것이며, 어떤 주제로 할 것인가를 살펴야 한다. 그 이후에 왜 실시해

콘셉트맵 활용의 예

신상품 <기획서 마스터>에 대한 마케팅 4P 전략

참조 : 《기획·제안서 작성 기술 200 무작정 따라하기》, 니시다 도오루 지음, 길벗, 2006, p.149

야 하는지 이유가 있어야 하며, 강사는 누구로 섭외할 것인지, 어떤 절차로 추진할 것이지, 어느 정도의 인원을 모아야 하는지, 예산은 얼마나 있고, 강사료, 교재, 장소 사용료 등 손익계산을 생각해봐야 한다. 간단한 기획서 초안은 작성 목적에 부합되게 콘셉트맵을 그려 작성한다.

전체적인 콘셉트맵을 그려라

콘셉트는 잡기 전에 상대방의 이야기를 경청해야 한다. 상사, 동료, 부하 직원, 고객 등 누구든지 상대방이 원하는 것이 진심으로 무엇인가를 파악해야 한다. 나중에 상세한 부분은 고칠 수 있지만, 전체적인 콘셉트가 바뀌면 처음부터 일을 다시 해야 하는 상황이 올지도 모른다. 그렇지만 많은 기획자들은 상세한 내용을 선호하는 경향이 있어 자신이 좋아하는 상세한 내용부터 작성할 가능성이 많다. 준비된 분량이 많을수록 전체적인 내용을 한눈에 알 수 있도록 요점들의 상관관계를 명확하게 보여줄 필요가 있다. 이런 콘셉트의 전체적인 모습을 그린 것을 '콘셉트맵concept-map'이라고 한다. 한마디로 기획서의 개략을 미리 정리하여 제시하는 것이다.

콘셉트맵을 잡는 것이 따분하고 당장 눈에 보이는 일이 아니더라도 먼저 명확하게 그려야 한다. 콘셉트맵은 기획의 나아갈 방향 등 한눈에 전체를 볼 수 있기 때문이다. 다만, 지나치게 복잡한 콘셉트맵은 오히려 명확한 콘셉트는 잡는 데 방해가 된다는 사실을 기억해야 한다.

명확한 콘셉트맵을 그려라

KISS의 법칙을 통해 단순화하라

좋은 기획서일수록 다양한 사례가 많다. 하지만 너무 리얼리티를 추구하다 보면 오히려 복잡해진다. 초보일수록 기획서가 복잡하다는 것을 기억하자. 만일 자료조사 단계에서 30장을 준비했다면 20장으로 줄여야 한다. 실질적으로 핵심이 되는 몇 장만 남기고 나머지는 과감하게 버려라.

'이건 너무 밋밋하고 단순하지 않나요?'라고 상대가 질문해오면 '심플한 것일수록 이해가 쉽다'라고 대답하라.

어떤 메시지든지 욕심을 부려 너무 많이 전달하려고 하면 오히려 전달되기 힘들다. 그보다는 핵심 메시지만 디자인하고 단순화시켜서 초점화하는 것이 중요하다. 여기서 명심해야 할 것이 'KISS의 법칙'이다. 'KISS'란 'Keep It Simple, Stupid머리 나쁜 사람도 알아듣게 단순하게 하라'를 축약한 것이다.

위대한 연설가들이 공통적으로 지킨 원칙이 바로 이 'KISS의 법칙'이다. 케네디, 처칠 등 세계적 지도자들의 연설에는 진부한 표현, 과장된 문장, 전문용어, 유행어들이 전혀 들어 있지 않다. 단순하고 명확한 표현으로 감동적인 연설을 할 수 있는 것이다. 그러므로 핵심 메시지에는 너무 많은 것을 담으려 하지 말고, 되도록 3개의 메시지가 넘지 않도록 한다. 많이 설명하는 게 좋은 것만은 아니다.

우리나라에서는 기획서의 대부분을 비주얼로 채우고 페이지를 늘리려는 경향이 있어 안타깝다. 너무 많은 것을 말하지 말고, 핵심 가치Core value로 메시지를 단순화하자. 실질적으로 핵심이 되는 20%만 남기고 나머지 80%는 과감하게 버려라.

'Z이론'으로 레이아웃을 디자인하라

사람은 상대방과 대화할 때 첫인상으로 사람을 판단한다. 첫인상을 판단하는 데 얼마나 시간이 걸릴까? 말콤 글레드웰은 처음 2초가 모든 것을 가른다고 말한다. 《블링크 : 첫 2초의 힘》에서 눈을 깜박하는 사이에 무의식으로 상대를 판단하는 데 걸리는 시간은 2초에 불과하다고 말한다. 첫인상을 결정하는 시간에 대해서는 학자마다 의견이 다르지만 길어야 7초 정도이다. 어떤 대상을 보고 호감도와 신뢰도를 판단하는 데 걸리는 시간은 눈 깜짝할 사이이다.

상대의 마음을 훔치려면 기획서의 첫인상이 중요하다. 사람들은 처음부터 기획서를 꼼꼼히 다 읽어보지 않는다. 처음에는 훑어보고 그리고 난 후 정독한다. 검토하는 사람이 한눈에 알아보게 하려면 한눈에 읽히는 기획서를 작성해야 하기 때문에 기획서는 일반 소설책과 달리 레이아웃이 매우 중요하다. 초안을 잡지 않

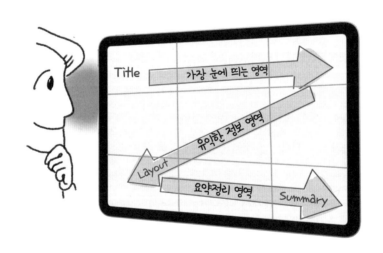

Z이론으로 레이아웃을 디자인하라

고 곧장 기획서를 작성하면 읽히는 기획서를 만들기 힘들다. 초안에는 콘셉트 중심으로 핵심요소가 담겨야 하고, 기획서에는 기획 의도 중심으로 실제 작업을 할 수 있도록 세부 실행계획까지 포함하고 있어야 한다.

레이아웃을 잡을 때는 'Z 이론'을 기억하라. 인지심리학적으로 한 페이지를 볼 때, 좌측 상단에서 우측 상단으로, 우측 하단에서 좌측 하단으로, 다시 좌측 하단에서 우측 하단으로 시선이 이동한다. 상대의 마음을 훔치기 위해서는 3초의 속도로 기획서를 훑어볼 때 인상 깊은 것이 있어야 한다. 가장 눈에 띄는 '제목 Title' 영역에서 사로잡아야 끝까지 보게 할 수 있다. 보통 로고 영역이 있어서 누가 작성한 것인지 알려준다. 대각선을 내려올 때는 슬라이드 그림처럼 3:3 슬라이드법칙을 적용하자. 안내선을 3등분으로 나누면 레이아웃이 안정적으로 보이는데, 핵심Core 영역은 일반적으로 도해를 가장 중심에 배치하며 마지막으로 요점 Summary 영역은 유익한 정보를 담는다. 참고로 기획서 작성의 5단계는 다음과 같은 절차를 따르는 것이 좋다.

기획서 작성의 5단계

1단계 기획 준비 Who? → Why?	2단계 주제 설정 What? → Target?	3단계 현황 파악 Where? → How many?	4단계 해결책 수립 How? → How much?	5단계 마무리 과정 When? → How long?
• 기획 의도 목적 파악 • 상대에게 질문 • 상대의 이익에 관심	• 상대의 요구 이해 • 자료수집 및 분석 • 무엇이 주제인지 명확하게 설정	• 공개되지 않는 정보 파악 • 현황 파악을 통한 문제인식 • 최종 가설 수립	• 키워드 잡기 • 논리적 구조화 • 해결안 도출	• 타임테이블 수립 • 텍스트 편집 • 도형과 그래프로 기획서 작성

기획서의 구성 요소

제목 Title	처음부터 기획서의 제목을 잡는 데 시간 끌지 말고 가제목을 작성한다. 완성 이후에 여러 사람의 의견을 반영해서 적는다.
목적 Purpose	이 기획을 통해서 궁극적으로 하고자 하는 것, 실현하고자 하는 목표로 향하는 이유를 간결하게 적는다
환경 Environment	환경은 크게 두 개로 나누어 간접 영향을 주는 외부환경과 직접적 영향을 주는 내부환경을 파악한다.
현상 Situation	실제 눈으로 확인이 가능한 현재의 상태를 의미하며, 구체적인 수치화, 퍼센트화, 도해화 하는 것이 중요하다.
목표 Goal	일정한 기간 내에 도달해야 하는 바람직한 수준을 정량적·정성적으로 표현한다. 현상과 목표는 같은 레벨로 비교한다.
문제점 GAP / Problem	문제가 현상과 목표 사이의 간극을 의미한다면, 문제점은 도달해야 목표에 이르지 못하는 장애물을 찾아보는 것이다.
대책 Countermeasure	문제점을 제거할 수 있는 방안을 세우고, 어떤 일에 대처할 예방수단을 마련한다.
실행계획 Action Plan	단계적 스케줄, 예산, 업무분장 등 일정표에 철저하게 실행 위주로 세운다.
기대효과 Expectancy Effects	목표가 이루어질 때 얻어지는 이익이나 혜택을 부각시켜서 설득한다.

기획서의 구성(예시)

제목	• 사무직 신입사원 OJT 중간보고
목적	• 기존 운영안대로 교육이 실행되고 있는가를 확인한다. 문제가 있다면 이를 진단하고 개선방향을 제시한다.
환경 **(내부분석, 외부분석)**	• 식재사업의 확장으로 신규인력 확충 필요성 증대 • 식품 유통사업이 새로운 시장으로 급부상
현상(수시)	• 교육 모니터링 조사 결과 교육생의 부정적 의견 증가. 사업부 지도 선배의 교육 운영 어려움 호소
목표	• 교육안 실행률 85% 달성. 교육 이해도 85% 달성, 교육만족도 4.5 이상 달성
문제점(걸림돌)	• 외식사업부에 교육 OJT 실시안이 제대로 전달되지 못함 • 구매부분의 교육내용 수준이 신입사원에 적절하지 못함 • 인재육성팀과 사업부 간 소통이 원활하지 못함
대책	• 인재육성팀이 외식사업부 방문을 통해 교육내용을 전달하고 지도 선배의 협조를 요청 • 구매부문 신입사원의 필요 역량 조사를 통해 교육내용 재정비
실행계획	• 12월 31일까지 주요 이슈를 외식사업부 전 지점 방문을 통해 전달
기대효과	• 교육생의 조기 전략화. 신입사원의 로열티 향상. OJT 프로그램 제도 정비

문제해결식 글쓰기를 하라

나에게 문제해결을 위한 1시간이 있고, 내 삶이 달린 문제가 주어진다면
나는 질문이 무엇인가에 대해 55분 생각할 것이다.
나머지 5분은 그저 경험적인 계산에 불과하다.

아인슈타인

"여우는 많은 것을 알지만, 고슴도치는 큰 것 하나를 안다"는 라틴어 격언이 있다. 여우와 고슴도치가 싸우면 당연히 덩치가 크고 교활한 여우가 이길 것 같지만 싸움에서 항상 이기는 것은 고슴도치이다. 여우가 공격하는 순간 고슴도치는 몸을 똘똘 말아 작은 공처럼 변화시킨다. 가시로 둘러싸인 고슴도치를 여우는 어쩌지 못하고 결국 고슴도치의 승리로 끝난다.

미국의 경영학자 짐 콜린스는 이 '고슴도치와 여우'의 예를 들면서, 교활한 여우가 고슴도치에게 늘 지는 것은 '여우는 많은 것을 알지만 고슴도치는 하나의 큰 것을 알고 있기 때문'이라며 무엇보다 핵심을 파악하는 것이 중요함을 역설한다. 비즈니스에서 성공을 하려면 고슴도치처럼 복잡한 개념을 단순하고 명쾌하게 바꿔 핵심을 파악하는 것이 중요하다.

"고슴도치는 복잡한 세계를, 모든 것을 한데 모아 안내하는 단 하나의 체계적인 개념이나 기본 원리 또는 개념으로 단순화한다"라는 짐 콜린스의 말을 기억하자.

기획서에서 해결하려는 진짜 문제는 무엇인가?

기획서 작성의 핵심은 한마디로 '문제를 해결하는 과정'이다. 문제 해결을 위해 가장 먼저 해야 할 일은 '문제파악'이다. 문제를 발견하고 파악하지 못한다면 아무리 문제를 해결하려고 시도해 봐도 소용없다. '문제파악Understanding the Problem' 이란 현재 상태AS IS와 도달해야 할 목표TO BE 사이의 간극GAP을 깨닫는 것이다. 다음과 같은 간극구조GAP structure는 문제해결 과정에서 다양하게 활용이 가능하다.

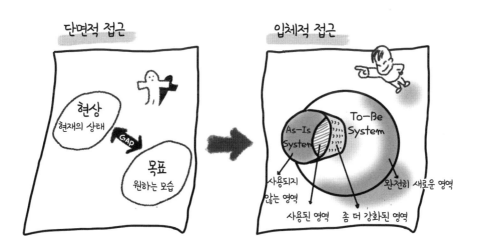

문제를 파악하는 단면적 접근 vs 입체적 접근

문제파악의 첫걸음은 문제의 정의이다. 미국의 저명한 과학자 찰스 캐더링은 '어떤 문제를 글로 잘 표현하기만 해도 그 문제의 반은 해결된 것이나 마찬가지다' 라고 단언한다. 이는 어떤 문제든 글로 정의하는 순간이 핵심문제에 접근하는 지름길이라는 말이다. 그런데 이때 문제를 어떻게 명명하느냐가 매우 중요하다.

예를 들어 '영어 점수를 올리기 위한 기획'을 해보자. 현재 토익 점수는 640점이고 목표 점수가 800점이라면 간극은 160점이다. 토익 160점만 올리면 목표를 달성하게 되는 것이다. 이처럼 가능한 정확한 정의가 비교적 명확한 해결방안을 낳는다. 물론 세상의 모든 문제가 이렇게 단순화되지 않기 때문에 입체적으로 문제를 파악해야 한다.

문제해결 툴박스 : 관점, 재정의

"가진 것이 망치밖에 없을 땐 세상의 모든 문제가 못대가리로 보이게 마련이다."

저명한 심리학자 에이브러햄 매슬로우Abraham Maslow의 말이다. 망치를 가진 사람에게는 망치로 두드리기만 하면, 자신이 가진 모든 문제가 해결될 것처럼 보이지만 실제로는 그렇지 않다. 극소수의 문제만이 해결된다. 망치만 가진 사람은 못밖에 보지 못한다. 문제해결 툴박스Problem Solving Tool Box를 구비하자. 나사를 조일 때는 드라이버가 필요하고, 쓸데없는 것을 잘라버릴 때는 가위가 유용하다. 이처럼 여러 가지를 두루 겸비해서 프레임관점, Frame 자체를 넓혀가는 것이 중요하다. 왜냐하면 프레임을 어떻게 설정하느냐에 따라 기획의 성과가 달라지기 때문이다.

문제해결을 위해서는 문제를 바라보는 관점을 재설정해 보는 습관이 좋다. 기획에서는 재구조화Reframing 과정이다. 어떤 문제든지 다른 틀로 보는 것이다. 기획을 할 때는 무엇이 문제인지 확실하게 재정의해보라.

다음은 문제해결식 글쓰기의 예이다.

1안	**김 대리! 제발 담배 좀 끊어요!** 김 대리, 제발 담배 좀 그만 피우세요. 김 대리가 담배를 피우실 때에는 곁에 가기도 싫어요. 다들 몸에 해롭다고 끊는데, 김 대리만 왜 계속 피우시는지 이해가 안 돼요. 다른 직원들은 다 담배를 끊었다고 하는데, 왜 김 대리만 아직도 담배를 끊지 않으세요?
2안	**김 대리! 요즘 힘들죠?** 김 대리, 요즘 많이 힘드시죠? 늦게까지 일하고 들어가는 김 대리를 뵐 때마다 미안한 생각이 들어요. 한 가지 김 대리에게 부탁드릴 것이 있어요. 요즘 김 대리의 건강이 부쩍 나빠지신 것 같으니 회사 내에서라도 담배를 끊는 것이 어떨까요? 예전처럼 건강하게 웃는 김 대리를 뵙고 싶어요.

1안은 자신이 하고 싶은 주장만 이야기하고 있으니 김 대리에게 오히려 반발만 살 가능성이 크다. 하지만 2안은 상대방의 입장에서 서술하고 있으니 배려하고 있다는 느낌이 들 것이다. 기획서 쓰기에서 가장 유념해야 할 것이 바로 '문제해결식 글쓰기problem solving writing'이다.

문제해결식 글쓰기는 흐름에 따라 이루어진다. 문제해결 프로세스는 정보의 수집·분석·정리·통합의 과정이다. 단순히 문학적 글쓰기와는 다르다. 영향을 주는 외적 요인을 파악하고, 시장환경과 경쟁환경을 이해하고, 자신의 회사를 분석하여 이해하도록 흐름을 만들자. 미리 예측해서 판단한다거나 부분적인 것에 집착해 전체를 볼 수 없어서는 안 된다. 본질적인 문제를 깨닫기 위해서는 전체적인 프레임부터 이해하는 것이 좋다.

정확한 수치로 현상을 인식하라

애매한 문제일수록 문제를 파악하기 어렵다. 정작 가장 큰 문제는 무엇이 문제인지 정확히 파악하지 못했다는 것이다. 이 경우 문제에 대해 자신의 정의와 문제의 범위가 맞는지 재확인해야 한다. 어떤 기획이든지 범위설정은 첫 단추이다. 문제를 진술할 때는 가능한 한 상황을 왜곡해서는 안 된다. 객관적으로 사실 그대로 정의해야 한다. 다음은 현재 어떤 상황인지 알려주는 것이다. 여러분이라면 어떤 것을 선택할 것인가?

① 전년 대비 매출이 감소했다.
② 전년 대비 매출이 12% 정도 감소했다.
③ 전년 대비 매출이 12.35% 감소했다.
④ 전년 대비 매출이 2억 2,300만 원 감소했다.

①번은 모호하기 때문에 현상을 직시하기 힘들다. ②번은 수치화하는 데는 성공했지만 '정도'라는 말이 사람에 따라 거슬릴 수 있다. ③번은 매우 정확한 사람

이라는 신뢰를 줄 수 있다. ④번은 퍼센트보다 실질적인 비용을 중요시한다. 따라서 가급적 ③번과 ④번을 선택하는 것이 좋다. 왜냐하면 현상을 정확하게 수치로 파악하여 앞으로의 일을 대비하는 데 유익하기 때문이다.

정확한 수치로 현상을 인식하는 것이 현재의 문제에 접근하는 지름길이다. 현실을 깨닫지 않고 미래는 존재할 수 없다. 현재 상황을 제대로 인식하는 것은 기획의 전제조건이다. 막연한 원인이 아니라 구체적 원인을 근거와 사실에서 찾아야 한다. 기획의 이유는 미시적인 원인분석에서 거시적인 환경분석으로 나아갈 때 쉽게 깨달을 수 있다. 앞으로 시장에서의 경쟁에 대비해서 환경분석을 하는 방법에는 4가지가 있다. 이를 '4C 분석'이라고 한다.

4C 시장 경쟁에 대비한 4C 분석

01 고객분석Customer Analysis : 우리 물건을 살 사람은 도대체 누구인지, 언제, 어디서, 어떻게 사는지 분석한다.

02 경쟁분석Competitor Analysis : 우리와 경쟁해야 하는 물건은 어떤 것인지, 경쟁물건의 강·약점이 무엇인지 분석한다.

03 기업분석Company Analysis : 우리 회사의 시장점유율부터 재무제표까지 자사의 인재·강점·약점 등을 철저히 분석한다.

04 채널분석Channel Analysis : 물건이 고객의 손으로 넘어갈 때까지의 유통경로를 말한다. 우리 물건만 이동하는 것이 아니라 수요자의 욕구가 생산자에게 전달되어야 개선이 일어난다. 소재, 내용, 품질, 가격 등 수요자에게 주지 시키는 모든 커뮤니케이션 경로를 분석한다.

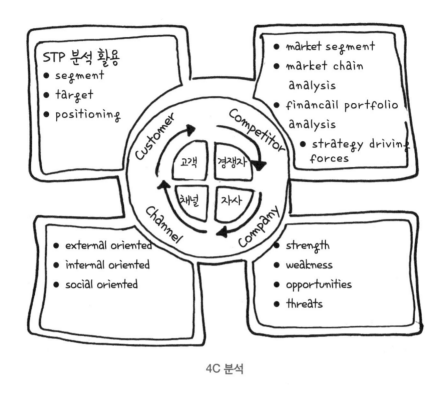

4C 분석

전체적인 맥락을 파악하면 설득력이 높아진다

문제점을 파악하기 위해서는 거시적macro 관점에서 미시적micro 관점으로 좁혀서 생각해야 한다는 말을 들어봤을 것이다. 그런데 '거시적, 미시적'이라는 말만 들어도 왠지 어렵게 느껴진다. 쉽게 생각해보자. 어떤 문제든지 문제가 발생한 배경이 있다. 모든 문제를 해결하기 위해 무엇이든지 먼저 세부적인 것을 파고 들어가는 것이 아니라 거시적인 맥락을 이해하는 것이 매우 중요하다. 거시적인 관점을 머릿속에 그린 뒤에 미시적인 관점으로 나아가는 것이 문제해결식 글쓰기의 흐름이다. 거시적 관심이 전체 그림을 보고 무엇이 더 중요한 것인지를 판단할 수 있게 해주기 때문이다.

'현황 → 문제파악 → 해결안' 등의 순서로 기획서의 흐름이 진행된다. 기획이 성공하기 위해서는 지켜야 할 전제조건을 명확히 하거나 추진과정에서 예상될 수 있는 문제점과 한계를 기술함으로써 기획의 실효성과 가능성을 높여나갈 수 있다. 전체적인 맥락이 파악되면 효과적으로 문제점을 해결할 수 있는 주요 포인트와 전제, 추진상의 기본방향 등을 기술해야 한다.

배경background이란 기획의 원인을 뒷받침하는 시대적·사회적 환경이나 장소, 사건 등을 말하고, 원인cause은 어떤 사물이나 상태를 변화시키거나 일으키게 하는 근본이 된 일이나 사건을 말한다. 배경 및 원인은 기획하는 쪽에서는 다 알고 있는 것이라고 하더라도 기획서를 받는 쪽에서는 모를 경우도 있으니 주의해야 한다.

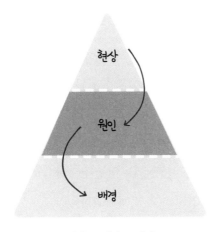

현상 → 원인 → 배경

남이 하지 않은 기획으로 승부하라

남들이 전혀 하지 않았던 기획이 큰 성과를 내는 경우가 있다. '왜 안전하고 편리한 고급 주방 기구는 없을까?' 우연히 던진 남편의 질문을 계기로, 세계적인 주방용품 제조회사가 된 사례를 살펴보자.

코스트코에서 임원으로 은퇴한 샘 파버는 부인이 관절염 때문에 주방 용기를 잡기 힘들다고 불평하는 소리를 들었다. 아내의 고통을 덜어주고자 고민했다. 당시 시중에서 팔리던 기구들은 기능에 집중한 반면에 인체공학적 배려가 부족해서 불편했다. 그는 '모든 사람이 사용하기 쉬워야 한다'는 디자인 철학을 바탕으로 1990년 옥소OXO를 설립하고 뉴욕의 스마트 디자인과 로열티 지불 방식으로 손을 잡고 제품을 내놓아 대히트한다.

옥소의 제품은 성별이나 나이, 장애 여부에 상관없이 누구나 편리하게 사용할 수 있는 유니버설 디자인을 표방한다. 그중에서도 굿 그립good grip은 사용성과 편리성을 상징하는 아이콘이다.

옥소의 감자칼이 특별해 보이는 이유는 손잡이에 있다. 손잡이의 재질은 금속이나 목재보다 플라스틱 소재로 노년층의 손에 맞게 디자인되었다. 소비자가 주방용품을 집을 때 가장 먼저 손잡이를 잡는다는 사실에 착안하여, 플라스틱 소재로 만든 검은색 손잡이를 손에 쥘 때 편안함을 느끼게 만든 것이다. 검은색이

주는 강렬한 시각적 이미지와 손에 쥔 느낌이 강하게 남는다. 좋은 시각과 느낌은 오랫동안 기억에 남는다. 사람들은 무언가 색다른 경험을 통해서 훌륭한 손잡이라는 것을 깨닫게 하여 구매로 이어진다.

이처럼 샘 파버는 '주방용품은 튼튼하면 잘 팔린다'는 고정관념에서 벗어나 색다른 기획으로 회사를 성공시켰다. 옥소는 디자인 경영의 대표사례로 손꼽히고 있다.

옥소를 성공으로 이끈 기획의 힘

목적은 공유하고 목표는 구체화하라

목표는 욕구와 다르다. 목표와 욕구 사이에는 중요한 차이가 있다.
행동할 의도가 없는 욕구는 가질 수 있지만, 행동할 의도가 없는 목표는 가질 수 없다.
톰 모리스

목적과 목표의 차이를 아세요?

필자가 자주 하는 질문이다. 너무나 당연히 아는 것 같지만 많은 수강생들이 실제로 자신 있게 답변하지 못한다. 기획서의 '목적purpose'은 '이루겠다는 의지'를 강화시키고, '목표goal'는 '도달해야 할 모습'을 깨닫게 해준다. 기획에서 목적은 이끄는 것이라면, 목표는 구체화시키는 것이다. 목표 설정은 기획자가 분석력을 발휘하여 행하는 논리화 작업의 결론을 제시하는 부분이며, 기획의 당위성과 기획이 수행하는 역할을 명확히 하기 때문에 클라이맥스가 된다. 목적과 목표에 의해 이것이 실현되면 그야말로 '꼭 도달하고 싶다'라는 기대심리를 갖도록 작성해야 한다. 그렇다면 기획서를 쓰는 궁극적인 목적은 무엇인가? 정리하면 다음과 같다.

114

- **아이디어형 기획** 새로운 아이디어를 만들기 위한 경우

- **제안형 기획** 새로운 것을 제안하기 위한 경우

- **개선형 기획** 기존의 문제점을 개선하기 위한 경우

- **개발형 기획** 새로운 제품·상품·서비스를 개발하기 위한 경우

- **영업형 기획** 영업·판매하기 위한 경우

- **투자형 기획** 새로운 자금확보 차원에서 투자를 받기 위한 경우

기획의 궁극적 목적을 분명히 하라

기획서를 만들기 위해서는 관련자들 간에 반드시 목적이 공유되어야 한다. 모든 문서는 목적을 공유한 후, 목표를 향해 가야 한다. 마치 화살을 쏠 때 과녁을 맞히는 것과 유사하다. 기획자는 기획의 목적과 목표를 잘 설정해야만 나중에 자주 방향을 바꾸는 일이 없다. 그러기 위해서는 먼저 기획을 명확히 하기 위해 궁극적인 목적에 맞추어 구상하는 자세가 필요하다.

목표를 명확하게 내다보는 사람만이 리더가 될 수 있다. 목표하는 바를 확실하게 하지 않으면 얻을 것이 없다. 기획서가 추상적이지 않으려면 구체적인 목표가 있어야 한다. 현황분석이 기획의 출발점이라고 한다면 목표설정은 기획의 도달점이 된다.

다이어트 기획을 한다고 치자. 목표는 당연히 몇 kg를 뺄 것인가 이다. '6개월 내에 10kg를 감량할 것이다'와 같이 달성 가능한 날짜를 못 박아야 한다. 그렇다고 실현가능한 것에 치중하다 보면 목표를 너무 낮게 잡는 우를 범할 수 있으니 주

의해야 한다. 기획서에서 목표를 설정할 때 주의해야 할 것은 '이것을 해야 한다'는 당위성을 내세울 것이 아니라 '구체적으로 어떻게 해야 하는지'를 밝혀서 이해시켜야 한다. 기획 관련자로 하여금 앞으로 해야 할 일을 받아들이게 만드는 것이 중요하다.

목표를 구체화하기 위해 갖춰야 할 조건 : SMART

목표를 구체화하기 위해 갖춰야 할 조건은 이른바 '스마트SMART'로 요약된다.

- **Specific** 구체적인가?
- **Measurable** 측정 가능한 것인가?
- **Achievable** 성취할 수 있는 것인가?
- **Result-oriented** 결과지향적인 것인가?
- **Time-bounded** 달성 가능한 날짜인가?

우선과제부터 설정하라

시간은 마냥 주어지지 않는다. 구체적인 기획을 할 때는 상대의 배경이나 전제는 생략하고 과감하게 기획의 목표설정부터 시작해도 좋다. 상대가 알고 싶은 것이 무엇인지 찾고, 그것만을 담은 1페이지 기획서도 괜찮다. 목표달성을 위해 무엇을 해야 하는지를 고민해야 한다. 현실적으로 실현가능한 적절한 기간을 설정해야 한다. 너무 타이트하게 잡지 말라. 변수를 고려한 여백을 준비하라. 지나치게 무리하면 결국 탈이 난다. 당장 우선과제가 무엇인지 심사숙고하라.

"우리는 경쟁사보다 고객에게 집중합니다"

아마존닷컴의 시작은 아주 미미하였다. 아마존닷컴의 창업자 제프 베조스는 연봉 백만 불짜리 헤지펀드 회사를 나와, 베조스, 그의 아내, 프로그래머 총 3명으로 창업을 한다.

인터넷서점을 잘 운영하고 싶은 베조스는 1994년 미국서점협회에서 주관하는 서점창업 강좌에서 책 판매하는 방법을 수강했다. 포틀랜드에 있는 벤슨 호텔에서 4일간 열린 이 강좌에는 젊은이부터 은퇴자까지 40여 명이 참석했다. 강사 리처스 호워스는 고객서비스의 중요성을 강조하며 자신의 특별한 경험담을 들려준다.

한 고객이 서점 앞에 차를 주차해 놓았는데, 서점 발코니에 놓인 화분에서 흙이 떨어져 차가 더러워졌다며 항의를 했다. 호워스는 죄송하다며 사과하며, 세차를 해주겠다며 고객과 함께 세차시설이 있는 주유소를 갔지만 주유소가 문을 닫았다. 호워스는 고객을 자신의 집으로 데리고 가 양동이와 비누, 물과 호스를 들고 나와 직접 고객의 차를 깨끗하게 닦아주었다. 그리고 차를 몰고 다시 서점까지 데려다줬을 때 고객의 태도는 완전히 변해있었다. 그 고객은 오후에 다시 서점에 와 책을 잔뜩 사 가지고 돌아갔다.

베조스는 이 이야기에 감동했고, 고객서비스를 아마존닷컴의 주춧돌로 삼았다. 그는 '경쟁사들이 우리를 이기는 데 집중하는 동안 우리는 고객에게 집중한다면 결국 우리가 승리하게 될 것이다'라고 생각했다.

그리고 "사람들이 온라인으로 원하는 모든 것을 파는 '에브리씽 스토어 Everything Store'로, 지구 상에서 가장 고객을 중요시하는 기업이 되자"는 목표를 가지고, 아마존닷컴의 사명선언문을 만들었다.

해결안은 플랜 B까지 준비하라

> 적의 군사를 그대로 두고서 항복시키는 것이 최상책이며,
> 전투를 벌여서 적국을 물리치고 항복시키는 것은 차선책이다.
> ≪손자병법≫

"이 기획서의 해결안이 맘에 들지 않는데요?"

"네, 그럴 줄 알고 플랜 B를 준비했습니다!"

"정말로요! 철저하게 준비하셨군요. 신뢰가 가는데요."

기획서를 준비하면서 해결안을 한 가지만 달랑 준비하는 사람이 있다. 하지만 그 기획이 맘에 들지 않으면 곧바로 거절되는 것이다. 기획서에서 '플랜Plan B'가 '플랜 A'가 성공하지 못할 경우에 진행할 계획을 말한다. 그러니까 최선책을 '플랜 A'라고 부르고, 차선책을 '플랜 B'라는 용어를 쓰는 것이다. 해결안을 하나만 제시하면 상대방은 그 해결안만 선택할 수밖에 없지만 2가지 이상의 해결안을 제시하면 상대방에게 선택할 수 있는 선택권을 줄 수 있다. 기획서에서 구성 요소의 정점

은 해결방안 제시이다. 파악된 문제를 해결할 수 있는 방안을 제시하는 것이야말로 합리적으로 설득시킬 수 있는 지름길이다. 플랜 A만 제시할 것이 아니라 플랜 B까지 2가지 이상의 옵션을 제공해야 선택의 폭을 넓힐 수 있다.

전략적으로 2가지 이상의 옵션을 제공하라

문제해결 방안은 전략적인 접근이 필요하다. 하나의 방안만을 제시하면 결정권자의 의견에 배치되거나 강요하는 인상을 줄 수도 있으므로 주의할 필요가 있다. 각 옵션의 장점과 단점, 선택기준 등을 미리 준비하여 의사결정을 돕는 역할이 중요하다.

다음의 그림에서 1안은 2단계로 나눠 실습할 수 있는 시간과 피드백을 하는 반면, 2안은 1단계로 교육을 통한 편의를 제공하는 데 중점을 둔 것이다.

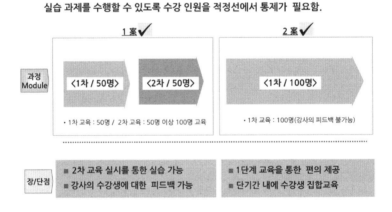

2가지의 옵션 제시

기획서는 가설을 정교화하고 선택사항을 명료화하여 의사결정을 돕는 역할을 한다. 해결방안을 제시한다는 것은 현실적 대안이 뒷받침될 때 가능하다. 해결방안을 도출할 때 지나치게 한 쪽으로 몰아가는 인상을 주어서는 오히려 반발을 살 수 있다. 객관적인 정보와 풍부한 지식으로 공들여 준비한 해결방안은 좋은 결과로 이어진다.

해결을 원하는 마음이 절실하면 이루어진다

어떤 해결방안이든 문제점을 안고 있다. 약간의 문제가 개선되었든 전체적인 대안이 되었든 간에 몇 가지 결점은 있게 마련이다. 그 결점을 일부러 감추지 말아야 한다. 오히려 미리 유의할 점을 알려주면 신뢰성이 높아진다. 실시단계에서 나올 반대 의견을 미리 예상하고 그것에 대한 설득 논리를 확보한다는 의미도 있다. 해결방안 도출은 이와 같이 그 방안에 대한 결점까지도 예측할 수 있는 것이어야 한다. 많은 회의와 토의가 필요한 것은 물론이다. 반드시 이 과정을 거쳐야만 기획에 맞는 전략을 수립해서 큰 성과를 거둘 수 있다.

이때 리스크는 철저히 파헤쳐야 한다. 해결방안을 도출하려면 안목이 필요하고, 안목이 바로 해결방안의 가치를 높여주는 요소라고 해도 과언이 아니다. 꿈속에서도 해결방안을 찾을 정도로 몰입하지 않으면 안 된다. 그러므로 해결방안을 도출하는 것은 문제해결에 대한 의지에 달려 있다. 해결을 원하는 마음이 절실하면 절실할수록 문제 해결에 가까이 있는 것이다. 일단 선택한 해결방안은 끝까지 밀어붙여야 한다.

포기할 때쯤 번뜩이는 아이디어가 떠오른다

기획은 아이디어를 먹고 산다. 아이디어 없이 기획이 안 된다는 말이다. 대부분 사람들은 자신의 두뇌가 굳었다고 생각한다. 아이디어를 내려고 해도 통 떠오르지 않아 책상머리에서 몇 시간씩 골머리를 썩는다. 인간의 뇌세포는 일상생활에서 쓸수록 발전하게 된다. 실제로 기획자 중에는 아이디어마저 외워서 하려는 사람이 있다. 그 사람은 그것 외에는 잘 소화하지 못한다.

기획은 단순히 순간적인 아이디어에서 시작될 수 있지만, 반짝이는 아이디어만으로는 기획이 성공할 수 없다. 기획 아이디어는 두뇌의 긴장과 이완, 아이디어의 발산과 수렴 등을 통해 다듬어지는 것이다. 하나의 프로젝트를 위해 '어떻게 달성할 것인가'라는 물음에 몰두하는 자세가 필요하다는 말이다. 포기할 때쯤 번뜩이는 아이디어가 떠오른다고 한다. 막연히 '나는 아이디어가 없어서 기획이 안돼'가 아니라 항상 머리를 굴릴 준비가 돼 있는 사람만이 기대 이상의 좋은 결과를 얻을 수 있다.

아이디어의 영감은 때와 장소를 가리지 않는다. 해결방안 도출은 기획의 성공 여부를 결정하는 중요한 사안이며 이를 위해서는 때와 장소를 가려서는 안 된다. 자칫 확산시키다 보면 문제해결에 대한 진척이 전혀 없어 보일 수도 있다. 어느 정도 아이디어를 확산시켰다면 가장 핵심적인 아이디어를 선택해야 한다. 어느 날 문득 아이디어의 영감이 떠오르듯이 순간적으로 알을 깨고 나온 아이디어를 포착해야 한다.

내가 좋아하는 기획이 아니라
상대가 원하는 기획을 하라

게임의 판도가 PC에서 모바일로 이동한 지 오래다. 이 같은 변화의 시작을 알렸던 선데이토즈의 '애니팡' 게임은 뛰어난 기획으로 성공한 경우다. 이들 기획이 성공할 수 있었던 것은 자신이 좋아하는 기획이 아니라 상대가 원하는 기획을 했기 때문이다.

이정웅 대표는 미국 교환학생에서 돌아와 매주 일요일마다 '토즈'라는 카페에 모여 회의를 했던 첫 마음을 담아 회사이름을 '선데이토즈'라고 지었다. 첫 게임으로 페이스북 플랫폼을 통해 사용자들이 검투사가 되어 적들을 물리치는 역할 수행게임 '던전 얼라이브'를 출시했다. 그러나 두 달 만에 실패했고 그때 기획의 방향을 다시 잡게 된다.

"개발자가 좋아하는 게임이 아니라, 소비자가 원하는 게임을 만들어야 한다."

던전 얼라이브의 실패로 사용자를 정확히 분석한다는 교훈을 얻게 된다. 상대의 마음을 얻기 위해서 그들이 원하는 게임을 만든다. 그리고 그 욕구를 정확히 포착한 '애니팡'으로 대박신화의 주인공이 된다.

아이디어가 생각나는 대로 곧장 써라

아이디어에 생명을 불어넣는 것은 모험이다.
아이디어는 그대로 유지되지 않기 때문에 무엇인가를 해야 한다.
알프레드 노스 화이트헤드

송나라 문인 구양수歐陽修는 삼상三上, 마상·침상·측상에서 좋은 아이디어가 떠오른다고 했다. 마상馬上은 말 위에서 좋은 생각이 잘 떠오른다는 말이다. 지하철이나 길거리를 걷다 보면 좋은 아이디어가 떠오른다. 침상枕上은 잠이 들기 전이나 아침에 막 깨었을 때에 아이디어가 샘솟는다. 측상厠上은 측면으로 벗어나거나 측간화장실에 앉아있을 때 새로운 아이디어가 잘 떠오른다. 결국 구양수가 이야기했던 삼상은 책상에서 벗어나 부교감신경을 자극해주었을 때 아이디어가 더욱더 잘 떠오른다는 말로 이해할 수 있다. 참고로 성공한 기획자의 공통점은 산책을 좋아한다는 것이다.

또 기획을 잘하는 방법 중 하나는 책이 많은 서점에서 북쇼핑bookshowping을 하는 것이다. 키워드를 이것저것 조합해보고, 극한에서 생각해보고, 넓게 생각해

보고, 높은 위치에서 생각해볼 수 있기 때문이다. 경영학자 톰 피터스가 비행기 안에서 건축잡지, 미술잡지 등을 보면서 미래의 키워딩을 하는 것처럼 전혀 상관 없는 키워드를 다루다 보면 확장하는 데 유익하다. 전혀 다른 이종 간의 커피타 임도 좋다. 생각이 다른 사람들이 모이면 새로운 키워드가 보인다. 상대방의 지식 을 이용해 전달력을 높이는 것이다. 기획자는 업계 트렌드를 꿰고 있어야 한다. 준 비자료 없이도 한 시간 동안 자신의 생각을 펼칠 수 있을 만큼 비즈니스 트렌드 를 훤히 꿰뚫고 있어야 한다. 상대의 마음을 훔칠 수 있는 것은 결국 콘텐츠를 장 악하는 전문성이다. 기획력이 뛰어나다고 해도 비즈니스 트렌드를 잘 모르면 결 국 옛날 정보를 읽는 데 그칠 수도 있다. 비즈니스 트렌드에 적합한 기획서는 오 래 기억되어 더욱더 경쟁력을 높여줄 것이다. 가능하면 한 달에 한 번 서점에 나가 보라.

박스 라이팅 기법으로 작성하라

기획의 흐름은 생각나는 아이디어를 리스트로 적고, 주제를 찾아 포커싱한 후 비슷한 것을 찾아 그룹핑하고 이야기를 만드는 스토리텔링 과정으로 이어진다. 그렇게 해서 탄생한 것이 세계적인 베스트셀러 ≪해리포터≫ 시리즈이다. 작가 조 앤 롤링은 "무슨 일을 하고 있든 늘 정신 나간 사람처럼 무언가를 긁적이고 있었 어요. 내 이야기들을 컴퓨터로 깔끔히 타이핑할 수 있어서 그나마 즐거울 수 있었 어요."라고 말한다. 그녀도 떠오른 아이디어를 생각나는 대로 끄적거린 후 컴퓨터 에 타이핑하면서 이야기를 만든 것이다. 조앤 롤링은 "여러분이 알고 있는 것부터 쓰기 시작하세요. 여러분 자신의 경험과 느낌을 적는 겁니다. 저 역시 그렇게 하고 있어요"라고 말한다.

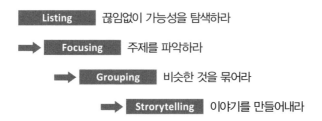

리스팅 Listing : 생각의 목록 쓰기

우선 8~10개 정도 생각나는 대로 곧장 리스트를 적어보는 것이다. 취침 전에 좋은 생각이 났는데 자고 나서 써야지 하곤 아침에 일어나서 생각하려면 생각이 잘 나지 않는 경험이 있을 것이다. 생각이란 휘발성이 있어서 그때 쓰지 않으면 영영 못 쓰게 된다. 머릿속에 생각나는 것을 곧장 써놓는 것이 마음도 편하다. 부지런히 메모하는 습관은 기획 본능을 깨운다. 이러한 과정에서 자연스럽게 독창적인 생각이 튀어나오게 된다.

❶ A4용지를 3번 접으면 8개의 칸이 나온다. 물론 포스트잇을 사용해도 된다.
❷ 자신의 장점을 4개 박스에 작성해보자. 크게 위는 내가 생각하는 장점이고, 밑의 4개 박스는 남들이 생각하는 장점이다. 이런 식으로 관점을 다르게 해서 리스팅하는 것이 좋다.
❸ 한 칸에 하나씩 적는다. 예) 섬세한 배려
❹ 생각이 뻗어나가려면 키워드가 좋다. 동사로 적지 말고 키워드로 적는다.

예) 호기심이 많다 → 무한한 호기심

❺ 키워드를 적을 때에는 좀 더 구체적으로 적는다. 예) 철저한 논리성

다음 그림은 자신의 장점 찾기를 리스팅으로 해본 것이다.

철저한 논리성	긍정적 사고
무한한 호기심	대인관계
섬세한 배려	풍부한 감성
유머 감각	다양한 특기

포커싱Focusing : 생각 선택하기

생각을 좁혀서 수렴하는 과정이다. 어느 정도 생각을 확산시켰다면 가장 핵심적인 것을 골라내야 한다. 생각이 과연 현실성이 있는지, 공상에 불과한 것인지를 판단하는 과정이 반드시 필요하다. 이때 먼저 해야 할 것이 바로 어떤 생각이 좋다고 선택하는 과정이 아니라, 어떤 생각이 쓸데없는 것인지 찾아 제거하는 것이다. 일종의 소거법으로, 공상에 불과한 생각을 버리다 보면 어느새 좋은 생각만 남게 되는 것이다.

종이에 자신의 생각을 쓴 후, 그것을 카드식으로 만들어서 전체가 보이도록 펼

처놓고 검토하면서 필요 없는 생각을 제거한다. 앞의 예를 들어 8개의 생각이 있다면 3개를 버린다. 남은 5개 중에 3개를 선택한다. 이렇게 하면 명확하게 핵심만 제시됨으로써 초점화할 수 있다. 이 기법을 사용할 때 유의사항은 다음과 같다.

❶ 꼭 해야 할 일To Do보다 꼭 하지 말아야 할 일Not To Do 리스트를 선택하자. 실현가능성이 희박한 생각을 먼저 버려야 한다. 8개에서 불필요한 것 3개를 삭제한다.

❷ 포커싱을 할 때는 5개 중에서 가장 핵심적인 3개만 선택한다. 3가지가 가장 설득력이 높다.

❸ 3개 중 가장 중요한 것 순서대로 번호를 적는다. 넘버링Numbering을 통해서 우선순위를 결정하는 것이다.

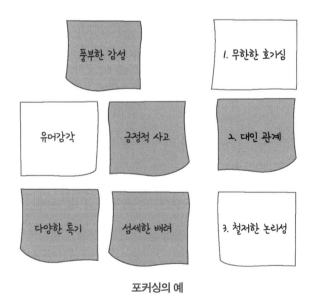

포커싱의 예

그루핑Grouping : 생각 묶기

관련 있는 생각들을 묶어보는 것이다. 그루핑할 때는 생각을 쓰면서 정리하면 좀 더 빠르게 구체화할 수 있다. 생각은 일정한 맥락을 갖고 뻗어 나가기 마련인데, 그 맥락을 논리적으로 재구성하는 것이 바로 그루핑이다.

생각은 어느 곳에 안착하기보다는 둥둥 떠다니는 습관이 있다. 생각을 어딘가에 안착시키기 전에 안착시킬 큰 원을 미리 그려놓으면 생각을 좀 더 명확히 알 수 있을 뿐만 아니라 자신이 전개하려는 이야기 요지의 정리도 수월하다.

❶ 크게 3가지 큰 원을 기준으로 비슷한 것을 묶는다.

❷ 한 쪽에 지나치게 치우치면 생각들을 어떻게 조정하면 균형이 잡힐지 본다.

❸ 큰 항목이 작은 항목을 아우를 수 있는지 확인한다.

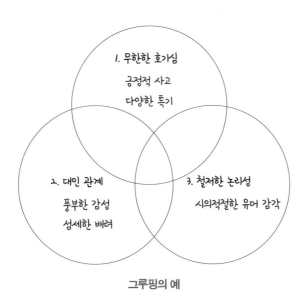

그루핑의 예

이 기법을 사용할 때 유의사항은 다음과 같다.

❶ 아이디어가 중복되거나 누락되지 않도록 주의해야 한다.

❷ 그루핑을 할 때는 글보다 그림을 활용하면 더욱더 효율적이다.

❸ 의견들이 엇비슷해질 수 있으므로 최대한 다른 의견을 내려는 노력이 필요하다.

스토리텔링Storytelling : 사례 찾기

이야기 줄거리를 만들어보는 것이다. 작가가 스토리를 만들어 내듯 키워드와 연상되는 것들을 선택해서 스토리텔링을 한다. 재미있는 이야기는 상대방을 몰입하게 하고, 상상의 나래를 펴게 만든다.

우선 전달하고자 하는 메시지에 부합하는 핵심 스토리를 만들게 되면 메시지를 효과적으로 전달할 수 있다. 뿐만 아니라 분위기를 재미있게 만들 수 있고 상대방의 마음까지 사로잡을 수 있게 된다. 스토리보드를 작성하는 이유는 기획의 흐름을 잡기 위해서이다. 스토리보드 작성 시 다음의 3단계 원칙을 지키는 것이 좋다.

스토리보드 작성의 3단계는 뼈대를 만들고, 살을 붙이고, 옷을 입히는 과정을 말한다. 스토리의 뼈대는 플롯plot으로, 일련의 사건들을 말한다. 플롯은 스토리의 근원이 된다. 스토리 전개는 먼저 테마를 정하고 극적 구성을 한 후 줄거리에 따라 사람이 등장한다. 메인 스토리가 이야기 전체를 끌고 가고 그 밖의 에피소드들이 양념으로 첨가되는 것이다. 아무리 심각한 스토리라도 상대방이 한 번씩 쉬어갈 수 있도록 여백이 필요하다. 하나의 슬라이드만을 위한 것이 아니라 전체 흐

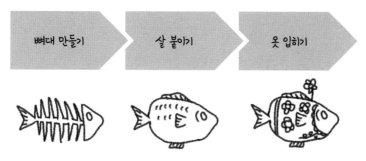

스토리보드 3단계

름을 이해할 수 있도록 기획서 전체가 마치 하나의 이야기처럼 느껴져야 한다. 그래야 기획서를 다 읽었을 때 상대방은 만족감을 느끼게 될 것이다. 이 기법을 사용할 때 유의사항은 다음과 같다.

❶ 스토리텔링은 오프닝과 클로징이 톱니바퀴처럼 돌아간다.
❷ 스토리텔링은 상대방이 흥미나 관심을 가질 만한 사례가 핵심이다.
❸ 스토리텔링은 현상파악 → 목표설정 → 문제인식 → 전략도출 → 성과창출 등 다섯 단계를 따른다.

건물을 세울 때 가장 먼저 하는 일이 무엇일까? 설계도를 그리는 일이다. 기획이란 설계도를 그리는 일이다. 설계도를 그리듯 생각의 지도를 그리면 전체적인 것을 볼 수 있고 연관시킬 수 있다는 장점이 있다.

스토리텔링으로 승부하라

스토리를 만들고 전달하는 것이야말로 우리가 세상을 이해하고
우리의 삶에 의미를 만들어 낼 수 있는 유일한 방법이다.
폴 오스터

이야기는 커뮤니케이션 수단이다

이야기Story는 기획서를 작성하는 사람과 읽는 사람을 이어주는 다리다. 이야기를 할 때 사람들은 기획자가 하는 키워드에 몰입하고, 이것이 자신들과 어떤 연관이 있는지 생각한다. '스토리텔링Storytelling'은 단순히 스토리를 전달하는 것이 아니라 기획서에 집중할 수 있게 해야 한다. 분명하게 전달하고자 하는 메시지가 없다면 스토리텔링이 되지 않는다. 하나의 스토리에는 하나의 메시지만 담겨야 한다. 거기에 갈등이 없다면 따분하고 지루한 스토리가 된다. 스토리가 생동감 있게 살아 있어야 한다.

기획서를 작성할 때 상식선에서 끝내지 않으려면 흥미로운 이야기를 할 줄 알

아야 한다. 기존의 각종 매스마케팅mass-marketing은 소비자에게 '먹히는 상품'을 만들어 일반대중에게 DM, 판매권유전화, 방문판매 등을 통해 파고든다. 하지만 지금과 같은 스마트시대에 현명한 소비자에게 이런 방식은 더 이상 먹히지 않는다. 마케팅 대가 세스 고딘은 "당신이 어떻게 다른지를 보여주는 스토리를 창조하라"라고 조언한다. 상품을 판매하는 것이 아니라 상품을 판매한 권리를 소비자에게 사 와야 한다고 말한다. 그는 "당신이 만든 상품이 얼마나 다른지를 알려주는 스토리"로 소비자에게 어필해야 한다고 역설한다.

기획자가 자신의 의도를 효과적으로 전달할 수 있는 방법 중 하나가 스토리텔링 기법이다. 전체적인 것을 검토하면서 하나의 슬라이드를 보여주기 위한 것이 아니라 전체 흐름을 이해할 수 있도록 구성되어야 하는 것이다. 효과적인 기획서 작성방법의 요체는 짧게 쓰더라도 자그마한 글에서 전혀 예상치 못한 것을 깨닫게 만드는 흥미진진함이 있어야 한다. 내용 구성이 잘 짜인 핵심 스토리Core story 는 읽는 사람들에게 메시지를 효과적으로 전달할 수 있다.

흥미진진한 이야기로 시각화하라

유능한 스토리텔러는 분명한 메시지를 선택하고 이야기의 맥락성을 잘 연결하는 능력이 뛰어나다. 이야기를 적극 활용하는 것은 사람들에게 무엇인가 이해시키고 새로운 아이디어를 설득하는 데 가장 좋은 방법이다. 이야기는 추상적인 개념을 생생하게 만들며 듣는 사람으로 하여금 이를 자기 것으로 만들게 하는 효과를 갖는다. 하지만 이야기 소재를 선택할 때 사람들에게 널리 알려진 이야기는

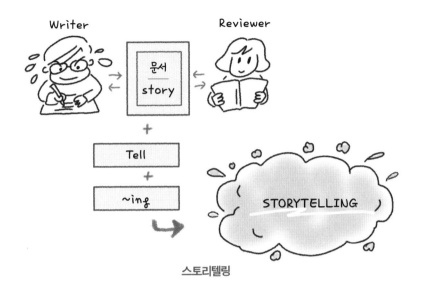

스토리텔링

이미 신선도가 떨어진 음식과 비슷하다.

성공한 사람들은 스토리텔링에 능숙하다. 스토리텔링을 통해 주목하게 만드는 데 능력이 뛰어나다. 최근 에릭 슈미트 구글 회장이 포스코와 제휴를 위해 한국에 방문했을 때 포스코 1층 남자화장실의 표어를 페이스북에 게재하며 '한국인들은 인상적인 만큼 생산성이 높다'고 평가했다. 그 표어는 한국어와 영어로 이렇게 쓰여 있었다.

> "이기는 것이 전부는 아니지만 이기기를 원하는 것은 중요하다."
> Winning isn't everything, but Wanting to win is.

이 스토리를 통해 해외 유수의 신문과 방송에 다시 한 번 구글 에릭 회장은 주목을 받았다. 다른 CEO들도 포스코 화장실을 방문했으나 이야기를 만들어 내지 못했다. 이 스토리를 통해 구글 최고경영자로서 협력사 포스코를 주목시키면서 공감을 표시한 것이다.

스토리텔링은 좌뇌 이성과 우뇌 감성을 함께 쓰도록 만든다. 이성적인 자극과 감성적인 자극을 통해 실제 자신의 경험이나 남의 이야기 등에 흥미진진함을 느낀다. 마치 하나의 영화를 볼 때처럼 말이다. 기획서가 스토리텔링 기법으로 이루어질 때 사람들의 만족감은 배가된다.

평범한 정보에 상상력을 불어넣어라

감동적인 스토리텔링이라고 하더라도 구체적 사실이 뒷받침되지 않을 때는 오히려 매우 위험하다. 스토리텔링은 정확한 사실을 기반으로 할 때 큰 감동을 주게 된다. 따라서 이야기 전에 정확한 사실을 검증해서 수집하고 선택해야 한다. 사람들의 주목을 끌 수 있는 이야깃거리라고 하더라도 사실이 뒷받침되지 않을 때의 후폭풍은 생각보다 무섭다. 원래 존재했던 스토리는 메시지에 신뢰성이 있기 때문에 허구로 만들어진 스토리보다 더 강력한 힘을 발휘한다. 아무 쓸모없어 보이는 정보가 나중에 쓸모 있게 되는 원동력이 바로 상상력이다. 쓸모없어 보이는 제품이 상상력에 덕분에 뛰어난 제품이 되었다는 3M의 사례는 실제 개발과정의 실패와 드라마틱한 성공담이 사람들에게 감동을 주는 스토리로 회자되고 있다.

3M에서 접착력이 강력한 새로운 접착제를 개발하는데, 과학자 스펜서 실버 박사는 의도와 다르게 접착력이 매우 낮은 접착제를 만들었다. 이후 5년에 걸쳐 새

로운 접착제 세미나를 진행했고 그 세미나에 참가한 다른 3M 과학자 아더 프라이가 새로운 아이디어를 내놓는다. 자신이 성가대에서 노래 부를 때 찬송가 책갈피로 새로운 접착제가 필요하다는 생각이었다. 결국 책갈피에 스펜서의 접착제를 붙여보았고 붙였다 떼어내기 쉬웠다. 그 아이디어를 통해 3M의 유명한 포스트잇이 탄생하게 된 것이다. 현재 포스트잇의 연매출액은 3M 전체 매출의 60퍼센트를 차지한다.

이처럼 이야기는 사람들에게 공감을 느끼게 하는 매개체다. 스토리를 만들 때는 사람들에게 전달할 메시지를 명확하게 해야 하고, 메시지를 사람들에게 잘 전달하기 위해서는 핵심스토리가 있어야 한다. 사람들이 중요시하는 부분에 초점을 맞춰가면서 사람들이 이해하기 쉽도록 이야기를 전개해야 한다.

자신이 겪은 구체적인 경험으로 신뢰를 얻어라

좋은 이야기 소재는 일상생활에서 흔히 접하는 이야기에서 관심 있게 살펴봐야 한다. 자신의 이야기를 할 줄 아는 사람만이 흥미로운 스토리텔러로 주목받을 것이다. 좋은 이야기 소재의 원천은 자신에 대한 과거 개인적 경험 중에서 자신이 모든 내용을 기억할 정도로 생생한 이야기에서 찾는다. 이때 이야기에 분명한 메시지를 담고 있어야 한다. 이야기를 다 듣고 따로 설명을 하지 않더라도 다들 알 수 있는 경험이라면 더욱더 좋다. 자칫 이야기가 동떨어진 것이라면 사람들로부터 외면받을 수 있으므로 짧은 멘트라 하더라도 자신의 목소리를 담을 수 있는 그런 것을 찾아야 한다. 이야기 자체가 맹숭맹숭한 것보다는 감동적인 것이 좋고,

스스로 이야기하면서도 재미있고 즐거운 이야기 위주로 해야 한다. 기획자 스스로 긍정적이면서 즐겁지 않다면 사람들에게 전염시킬 수 없다.

우리가 편리하게 사용하고 있는 주름빨대는 자신의 딸이 불편하게 곧은 빨대로 먹는 모습을 본 아빠의 경험이 탄생시킨 것이다. 1936년 주름빨대를 고안해낸 발명가 조지프 프리드먼의 이야기다.

샌프란시스코에 위치한 음료상점에서 자신의 딸인 쥬디스가 종이빨대로 밀크셰이크를 먹기 위해 애쓰고 있지만 곧은 빨대로는 먹기가 불편한 모습을 보고 영감이 떠오른 것이다. 바로 먹기가 불편하니 '빨대에 주름을 넣어 구부리면 좋지 않을까' 하는 자그마한 아이디어였다. 1937년 특허를 출원했으며 1950년 주름빨대의 형태와 제조방법에 대해 미국과 해외에 5개 특허를 출원했다. 이 주름빨대는 병원에서 거동이 불편한 환자들이 누워서도 음료를 마실 수 있었기 때문에 큰 인기를 끌었다고 한다. 자신의 경험을 바탕으로 구체적인 메시지를 들려줄 때 사람들에게 공감을 얻을 수 있다. 사람들마다 같은 이야기를 들어도 바라보는 관점에 따라서 느끼는 점은 천차만별이다. 따라서 이야기의 힘은 자기 자신이 기록한 메모가 소중한 소재가 되는 것이다.

조지프 프리드먼의 주름빨대 그림과 도면

과거 사례를 통해 마음을 움직여라

"10년 전 저는 권투선수였습니다. 하지만 저는 땀에 찌든 것이 아니라 술에 찌들어 있었습니다. 술에서 벗어나기 힘든 생활이었지만 단주모임으로 저는 새사람이 되었습니다."

과거의 충격적인 경험을 들려주면 상대방의 귀가 솔깃해진다. 하지만 거짓으로 과거 경험을 부풀리지는 말아야 한다. 진실만을 솔직하게 이야기해야 한다. 거짓은 언젠가 밝혀진다. 자신이 말하고자 하는 메시지가 생생하게 전달되려면 이를 체화시켜야만 한다. 단순히 줄거리를 어떻게 전달하느냐가 아니라 마치 그 당시 상황으로 간 듯한 착각이 들도록 생생하게 전달해야 한다. 그러면 상대편은 기획자가 충분히 가치 있는 내용을 얘기하고 있다는 사실을 느끼게 된다.

메시지 자체를 만드는 것을 두려워하는 사람이 있다. 이런 두려움이 오히려 기획서를 화려하게 치장해서 보이려는 마음으로 발전한다. 하지만 아무리 거창한 말과 비주얼로 위장해도 포장은 밝혀지기 마련이다. 기획자는 뻥쟁이가 돼서는 안 된다. 한마디를 하더라도 자신의 체화된 메시지로 전달할 때 사람들은 프로페셔널 기획자로 인식한다.

창의적인 스토리의 3가지 전략

자신이 정확하게 알고 있기를 바라는 청중의 니즈를 만족시키기 위해서는 창의적인 스토리 전략을 사용해야 한다. 적절한 분위기에 잘 맞는 창의적인 스토리의 3가지 전략은 다음과 같다.

1. 흥미진진한 이야기로 시각화하라

이야기는 지적인 자극과 감정적인 자극을 동시에 준다. 사실과 숫자까지 동원하여 흥미진진하게 불어놓는 이야기에 사람들은 솔깃하게 된다. 듣는 것을 통해 학습을 하는 사람들은 스토리텔러가 말하는 볼륨, 속도, 높낮이 등의 변화에 민감하게 반응한다. 시각을 통해 학습을 하는 사람들은 자신이 이야기를 하면서 쓰는 제스처를 보고 이를 머릿속에 시각화한다. 운동감각을 통해 학습하는 사람들은 자신이 하는 말을 되새김질하고 이를 다른 곳에서 반복함으로써 비로소 학습효과가 나타난다.

2. 평범한 정보에 상상력을 불어넣어라

세계적인 광고회사 DDB 설립자 빌 번바흐는 "우리가 해야 할 일은 죽어 있는 사실에 생명을 불어넣는 것이다"라고 말한다. 평범한 비즈니스 정보를 신선한 시각에서 다시 봐야 한다. 사람들은 생명력 있는 흥미로운 이야기를 들을 때 쉽게 빠져든다. 상상력을 통해 따분해하기보다 이야기에 자신의 감정을 이입시킨다. 전략적인 차원에서 이야기를 잘하는 사람은 그렇지 않은 사람들과 차별화를 할 수 있다. 이야기꾼들은 커뮤니케이션에서도 남다른 능력을 가진 사람으로 보일 수 있다.

커뮤니케이션에 능숙하면 내 생각을 분명하고도 설득력 있게 전달할 수 있다. 그럴 수만 있다면 언제나 승진시기가 다가올 때 누구보다도 먼저 승진대상으로 오르는 것이 가능하다.

3. 이야기로 신뢰를 얻어라

자신이 하는 말을 상대가 액면 그대로 믿을 수 있게 만드는 것이 중요하다. 기획자가 무미건조한 사실과 통계수치를 늘어놓는 것보다는 자신이 하고자 하는 말에 잘 들어맞는 이야기를 할 경우 사람들의 신뢰를 더 얻어낼 수 있다. 필자는 이를 '이야기 주머니'라고 명명한다. 자신이 겪은 구체적인 경험이 녹아있는 '이야기 주머니Story pocket'는 즉각적인 신뢰를 얻어낼 수 있게 만든다. 이야기 주머니는 인간관계를 쌓는 데 도움이 되고 소통의 역할을 한다. 이야기는 스토리텔러를 더 인간적으로 보이게 하고 모두가 직면한 문제를 직시하게 하며, 스토리 텔러를 청중 자신들과 동일시하게 만드는 효과가 있다. 이야기 주머니는 사람들 사이의 거리를 좁혀주고 조직 내 각기 다른 역할을 맡는 사람들 간에 생길 수 있는 오해를 해소시켜 준다. 자신이 직접 겪은 경험을 전달해줄 때 이야기를 듣는 사람들은 더욱더 신뢰감을 느낀다.

면접 성공 전략

다음 사례는 면접을 앞둔 상황의 자기소개이다. 심사위원석에는 사장을 필두로 회사 간부 모두가 앉아 있다. 면접 경험이 많은 백전노장들이 여러분 앞에 있는 것이다. 단 1분 동안 그들의 관심을 어떻게 끌 것인가? 어떻게 설득할 것인가?

평면적 사례

"저는 업무경험을 습득하고자 대학에 진학해서도 학기 중엔 패스푸드점, 커피전문점뿐만 아니라 견적사무소, 경리사무 보조 등에서도 아르바이트를 했습니다. 업무에 신속한 적응을 위해 엑셀Excel, 워드MS-Word, 파워포인트 Powerpoint 등의 기술을 익혔습니다. 저의 노력이 긴요한 경험이 되어 귀사에 도움이 될 수 있었으면 하는 바람입니다. 짧은 시간이었지만 아르바이트를 하면서 사람들과 관계를 맺으며 업무를 익혔던 시간이 제게는 소중한 기억으로 남았고 업무가 제 적성에 맞는다는 생각이 들었습니다."

입체적 사례

"제가 대학원에서 연구하는 동안 이런 일이 있었습니다. 저희 연구소에 한 번 방문했던 미국인 교수님이 두 번째로 다시 연구소를 찾았습니다.

그 교수님은 첫 방문 시 무척 까다로운 질문을 저에게 퍼부었기 때문에 두 번째 방문 시에도 그 교수님을 익히 알아볼 수가 있었습니다. 저는 그 교수님이 처음 방문에서 질문했던 답을 말씀드렸는데, 그 교수님은 저의 그러한 기억력과 판단에 무척 찬사를 해주었고 저희 담당 교수님에게도 칭찬을 아끼지 않았습니다. 제가 연구직에 종사하기 전에는 재치와 능력은 아무런 상관관계가 없다고 생각했으나 이제는 생각이 바뀌었습니다."

면접이나 자기소개서에는 개인적인 경험이나 사례를 통해 자신의 강점을 드러내는 것이 좋다. 어려움을 겪고 이겨냈다는 자기 극복 위주로 풀어 나가면 자기 홍보에 많은 도움을 받을 것이다. 절대로 자기소개를 하면서 "저는 무엇이든 잘합니다"라는 이야기는 하지 마라. 또는 "저는 21세기 미래의 주도적 역할을 할 수 있는 선구자가 되고 싶습니다"라는 '죽은' 표현을 삼가라. 더 입체적 사례를 찾아야 한다. 남들과 비슷한 글을 보면 누구나 식상하기 마련이다.

첫 번째 사례는 관련 아르바이트를 내세운 식상한 평면적 사례였고, 두 번째 사례는 궁금증을 자아내는 독특한 입체적 사례를 내세우고 있다. 자신만의 테마를 선택하는 게 중요하다. 자기소개를 할 때는 자기 자신이 주도권을 잡아야 하며, 그러기 위해서는 자신이 소화할 수 있는 내용이어야 한다. 자신에게 맞는 테마를 선택해야 기획서에도 성공할 수 있다.

단순히 이야기를 늘어놓는 것은 누구나 할 수 있다. 하지만 성공적인 기획을 위해서는 메시지를 강화시키는 부단한 노력이 필요하다. 아무리 말을 잘하고 책을 많이 읽는다고 해도 메시지가 약하면 상대와의 커뮤니케이션은 어렵다. 메시지를 강화하기 위해서는 상대방의 의견에 경청하다 보면 표현력을 기르는 데 많은 도움이 된다. 마찬가지로 기획서를 부끄럽지만 다른 누구에게 보여준다면, 더욱더 값진 피드백을 받게 될 것이다. 혼자 끙끙대다 보면 주관적이기 쉽다. 남의 비판을 듣고 무엇이 잘못된 것은 아닌지 다시 되돌아보는 것, 그 자체가 많은 진전을 가지고 올 것이다. 메시지를 자기화하려면 우선 자신의 경험이 묻어 나올 수 있도록 자주 글쓰기를 해야 한다. 자신의 경험이 우러난 메시지를 보면, 사람들이 그 맛을 알아차린다. 구체적인 경험이란 한순간에 얻어지는 것이 아니다. 자신의 실력이 느는 것을 체감하기란 쉽지 않을 것이다. 차츰차츰 쌓여 어느 한순간 봇물 터지듯 향상될 것이라고 믿는 것이 최선의 방법이다.

실행 계획은 타임테이블로 보여줘라

승자는 시간을 관리하며 살고, 패자는 시간에 끌려 산다.

시드니 J. 하비스

기획서가 가장 구체화되는 시점은 바로 실행계획을 짤 때이다. 실행계획을 짤 때는 SCS를 기억하라. Schedule, Cost, Staff 순서대로 진행하면 된다. 일정별로 상세하게 짜인 계획은 실현성이 높다. 전체적인 목적·목표·대책 등을 구체화시키는 개별적인 스케줄Schedule/시간별 상세계획, 코스트Cost/기회비용 포함, 스태프Staff/도와줄 참모진 등을 적으면 된다. 구체적인 실행 로드맵을 그려보면 많은 허점을 발견할 수 있다.

먼저 타임 테이블을 한눈에 보여줘라

실행계획은 해결방안을 구체화시키는 것으로 적으면 된다. 이때 단순히 데드라인만을 결정할 것이 아니라 필요한 타임 테이블을 만들어 사용하면 좋다. 우선순위를 결정하고, 언제 시작해서 언제까지 마쳐야 하는지 한눈에 알 수 있도록 타임 테이블을 그려야 한다.

도서 출간의 경우를 예로 들어보자. 원고 청탁에서부터 저자 구성 및 목차, 자료 수집 및 집필, 원고 검토, 수정 집필, 편집·인쇄 및 홍보기획, 판매에 이르기까지 출간에 따른 세부적인 계획을 구체화해야 한다. 세부 실행계획에서 요구되는 것은 통합력과 꼼꼼함이다. 타임 테이블 위에 이것저것으로 시뮬레이션을 해봐서 과도한 무리수가 없는지 미리 살펴보고 주의해야 한다. 다음은 책 출간을 위한 원고 작업 타임 테이블이다.

	세부내용	진행자	비용	1월	2월	3월	4월	5월	6월	7월
1	원고 청탁	편집자								
2	저자 구성 및 목차	저자								
3	자료 수집 및 집필	저자								
4	원고 검토	편집자								
5	수정 집필	저자								
6	편집, 인쇄 및 홍보 기획	출판사								
7	마케팅, 영업, 판매	출판사								
	총 예상 비용									

예산을 명확하게 밝힌다

무엇보다 중요한 것은 예산 확보이다. 아무리 큰 성과를 낸다고 하더라도 비용이 너무 많이 들면 소용없다. 기획서에서의 예산은 예상 수익과 비용, 손익분기 등이 중요하다. 기획단계에는 세부적인 전략들이 수립되며 이러한 전략을 바탕으로 대략적인 전술을 수립하고 전술을 예산에 반영함으로써 실천력을 강화시킨다. 이때 발생할 수 있는 위험에 대비해 예비비까지 고려해야 한다.

결정권자들은 예산에 매우 민감하다. 그렇기 때문에 기획서에서 비용에 관해서는 한 치의 오차도 있어서는 안 된다. 아무리 뛰어난 기획안이라고 하더라도 비용상 오차가 있으면 결정권자들은 신뢰성에 의문을 품는다. 세부 일정과 예산을 맞추어보면서 충분히 재검토하고, 눈에 잘 띄지 않는 기회비용까지 따져봐야 한다. 아울러 기획안을 작성할 때 단가·수량 등 자세한 견적서를 첨부하면 훨씬 설득력을 얻을 수 있다.

각각의 역할 분담이 중요하다

이상의 계획들이 수립되면 각자의 실천만이 남는다. 이때 가장 중요한 것은 팀워크와 각자의 역할 분담이다. 여러 부서나 담당자의 협력이 필요할 때 협조를 구하지 못하면 실현하기 힘들다. 따라서 기획서 안에 이미 각자의 역할 분담이 되어 있다면 그만큼 실현가능성이 높아진다. 역할 분담을 하지 못해서 서로 책임을 회피하면 전부 무용지물이 되어버리기 때문이다. 따라서 처음부터 충분한 토의를 통해 역할을 구분해 두어야 한다. 역할 분담은 각각의 역할에 맞는 일, 전문영역, 작업량, 처리할 업무, 기한 등을 종합적으로 감안하여 결정해야 한다.

역할 분담을 할 때는 너무 한 사람에게 일이 몰리지 않도록 각별하게 신경 써야 한다. 아무리 각각의 역할에 맞게 처리할 업무를 분담했다고 하더라도 누군가는 불만을 갖게 마련이므로 불만을 최소화하기 위해 노력해야 한다.

가능성 있는 기대효과를 제시하라

자기의 가능성을 실현할 수 있는 인간은 행복한 사람이다.
로버트 레슬리

주눅 들지 말고 자기의 가능성을 확신시켜라

중국 최대 전자상거래업체 알리바바의 창업자 마윈은 항저우의 한 가난한 시골 마을에서 태어났다. 그는 평범한 젊은 시절을 보내며 항저우 사범대학을 졸업하고 한때 영어교사로 근무하기도 했다. 하지만 자신의 체질과 적성이 맞지 않다고 판단되자 곧바로 그만두고, 8,500만 원을 손에 쥐고 알리바바를 창업했다. 그리고 우여곡절 끝에 투자의 귀재 손정의 회장을 만나게 된다.

손정의 회장은 먼저 마윈에게 "얼마를 원하는가?"라고 질문했고, 마윈은 "돈은 필요 없다"라고 대답했다. 놀란 손정의 회장은 "그럼 나를 왜 찾아왔냐?"라고 되물었고, 마윈은 당당하게 "내가 당신을 찾아온 것이 아니라 당신이 나를 부른 것이다"라고 대답했다. 그리고 마윈은 "난 지금 돈이 필요 없지만, 당신이 관심이 있으면 알리바바를 소개해 주겠다"라고 말하며 알리바바에 대해 설명하기 시작했다. 5분이라는 짧은 시간 동안 마윈의 얘기를 들은 손정의 회장은 "꼭 알리바바에 투자할 것이다"라고 말하며 "우리는 알리바바 주식의 49퍼센트를 보유할 것이다"라고 밝혔다. 마윈은 그 자리에서 무려 208억 원에 달하는 자금을 유치하는 데 성공했다. 마윈은 당장의 자구책이 아니라 먼 미래에 대한 확신을 보여준 것이다.

손정의 회장과 마윈은 한 문제를 가지고 이야기했다. '일류 아이디어에 삼류의 실행을 더하는 것과 삼류 아이디어에 일류의 실행을 더하는 것 중에 어느 것을 선택할 것인가?' 두 사람의 답은 일치했다. 삼류의 아이디어에 일류의 실천이 낫다는 것이다. 아무리 좋은 기획도 실천이 없다면 아무 소용이 없다는 뜻이다.

매력적인 기획은 상대방에게 확실한 이익을 주는 것이다. 말만 앞서는 구호보다 실질적인 이익을 챙겨주어야 한다. 훌륭한 기획은 상대방의 이익을 전제로 한다. 기획서는 계획대로 실행하여 목표를 이뤘을 때 효과나 이익이 얼마인지 자세히 알려줄 필요가 있다. 고객은 자신의 이익을 재빠르게 수치화하는 데 예상외로 익숙하지 않다. 그러므로 기획자가 고객의 기대치를 정립함으로써 효과를 극대화시킬 수 있다. 기획서가 설득력을 발휘하려면 기대효과를 제시해야 한다. 기획서는 목표를 이루었을 때 예견되는 효과와 이익에 대해 고객에게 자세히 알려주어야 한다. 고객은 자신의 효과와 이익을 재빠르게 계산하는 데 예상외로 익숙하지 않다.

고객의 효과와 이익을 먼저 제시하라

효과가 목표달성의 정도를 의미한다면, 효율은 들인 노력과 얻어진 결과의 비율을 말한다. 효과의 개념에서는 비용이 얼마가 드는지 투입의 문제에 관심을 갖는 것이 아니라, 정해진 목표를 얼마나 달성했느냐 하는 데만 관심을 갖는다. 기대효과를 정량화할 수 있는 부분은 금액으로 표시하는 것이 좋다. 실행했을 때 얻어지는 효과나, 목표를 달성했을 때 자신도 모르게 이루어지는 시너지는 설득력을 높이는 데 중요한 역할을 담당한다.

기획서는 가능성 있는 미래상을 그려야 한다. 하지만 미래를 이야기한다는 것 자체가 자칫 비현실적일 때가 많기 때문에 곧바로 미래상을 이야기하는 것보다 현재상에서부터 순차적으로 미래상을 그리는 것이 논리적이다. 이처럼 예측할 수 있는 가능성을 찾아서 미래상을 구체화하여 고객에게 제시하면 설득력은 당연히 높아진다.

기획서에서 말하는 기대효과란 현찰이든 현물이든 다른 무엇이든 그것을 투자해서 얻을 수 있다고 생각되는 성과를 말한다. 고객에게 기대효과를 정립시키면 일정한 신뢰관계가 형성된다. 기획서를 통해 고객에게 부여해줄 수 있는 기대효과로는 매출 향상 및 수익 증대, 업무 표준화에 의한 업무처리 효율화, 대외경쟁력 향상, 향후의 업무 생산성과 경쟁력 향상, 관리의 투명성 보장, 새로운 인프라 조성 등이 있다. 다음과 같은 그림을 통해 포괄적인 가능성을 제시할 수 있다.

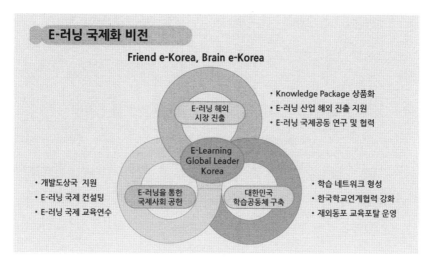

가능성 있는 비전 제시의 예

복잡한 것을 버리고 다양한 기획을 하라

기획자를 꿈꾸는 사람들이 늘고 있다. 업계에서도 유능한 인재를 구하기 원하지만 마땅한 사람을 구하기는 힘들다고 한다. 기획자는 다양한 업무를 꿰고 있어야 하지만 누구나 처음부터 다양한 업무를 알고 있기 힘들다. 먼저 한 분야에서 전문가로 경력을 쌓은 후 영역을 넓혀야 한다. 이런 폭넓은 경험만이 다양한 기획 아이디어를 떠오르게 한다.

다양한 사람을 만나는 것 또한 매우 중요하다. 기획력이 좋은 사람은 주변 사람들로부터 다양한 아이디어를 떠올리는 경우가 많다. 기획자를 꿈꾸는 사람들이 혼동하기 쉬운 말은 '다양한 것'과 '복잡한 것'의 차이이다. '다양한 것'은 종류가 여러 가지로 많다는 것이고, '복잡한 것'은 뒤섞여 어수선하다는 것이다. 복잡한 것은 단순화시키고, 다양한 것을 통해 생각의 폭을 넓히는 것이 중요하다.

기획의 값어치를 높이려면 킬러 콘텐츠를 찾아라

많은 실무자들의 경우 계속 쌓여만 가는 '복잡한 정보더미'를 보며 한숨만 쉰다. 넘쳐나는 정보 자체가 중요한 것이 아니라 그 정보의 값어치가 중요하다. 힘들게 얻은 것일수록 남 주기 아깝지만, 인터넷으로 검색한 정보 중에는 이미 정보가치가 떨어진 것이 많다. 기획이 값어치 있어 보이기 위해서는 '킬러 콘텐츠'를 갖고 있어야 한다. '킬러 콘텐츠Killer Contents'란 다른 콘텐츠보다 차별화해 고객을 끌어들일 수 있는 자신만의 콘텐츠를 말한다. '킬러 콘텐츠'가 없다면 경쟁에서 살아남기 힘들다는 것이다. 이제 기획의 값어치는 '킬러 콘텐츠'로 결정된다.

개인정보 강화를 위한 신규서비스 이벤트 기획안

OOOO년 OO월 OO일

마케팅팀 홍 길 동

최근 감소하고 있는 고객의 요구에 대응하고 신규서비스를 알리기 위한 방안으로 다음과 같이 기획서를 제출합니다.

기획 목적	• 개인정보 도용 최소화를 통해 외부적 위협요소를 제거함.
환경 분석	• 타 메이저 포털업체에서 개인정보 강화 시스템 도입이 늘어나고 있음. • 개인정보 보호에 대한 사회적 니즈가 증가하는 추세임.
현황 인식	• 신규서비스에 대한 인지도가 30% 이하로 조사됨. • 게임 내 동접이 계속적으로 감소하고 있음(지난 주 대비 3.5% 감소).
문제점 도출	• ID와 패스워드만 알면 쉽게 해킹이 가능함. • 서비스가 도입되었으나 이용방법을 모르는 회원이 다수임.
목표 설정	• 신규서비스에 대한 사용자 인지도를 50% 이상으로 관심 증가 • 이벤트로 게임 내 동접 상승(목표 : 20% 증가)
해결 방안	• 주요 타깃층에 어필할 수 있는 이벤트 경품 제공 • 개인정보 강화 사용방법을 숙지할 수 있는 Q&A식 퀴즈 이벤트 기획
일정	6월 5일 ~ 8일 • 이벤트 페이지 제작 요청 6월 9일 ~10일 • 이벤트 스토리보드 공유 6월 11일 ~ 13일 • 이벤트 세팅 및 웹페이지 완료 6월 14일 ~ 28일 • 이벤트 진행
인원	• 총 3명(기획운영팀 1명, 디자인팀 1명, 마케팅팀 1명)
비용	• 이벤트 경품 100만 원(나머지는 기업 협찬)
기대 효과	• 개인정보 보호 강화 및 해킹 피해 감소 기대함. • 시스템 도입으로 대외적 긍정적인 기업 이미지 확보할 수 있음.
첨부파일	• 작년 이벤트 진행성과 자료 및 기획서 첨부

1page 기획서의 가로문서 예

우선과제

- 6월 15일까지 5개 팀과의 미팅을 통해 연구소의 비전과 미션, 가치를 만든다.
- 6월 15일까지 교수진과 연구원들과의 소통으로 연구소 비전 선포 후 본격적으로 보도자료를 발송한다.

비전	대한민국 최고의 품질을 자랑하는 콘텐츠와 맨파워 커뮤니티로 무장한 지식 공동체가 된다.
미션	전임교수와 책임연구원제를 통해 고객에게 놀라운 콘텐츠 파워와 명코치의 노하우 경험을 공유한다.
가치	긍정적 태도, 열정, 정도 경영, 존중, 탁월한 역량을 갖춘다.
목표	올해 매출 이익 10% ↑ 교육만족도 40% ↑ 직원만족도 10% ↑ (재무평가 및 설문조사 목표 체크)

전략	지속적으로 팀 단위의 프로젝트 시행, 긍정적 피드백과 인정, 권한 이양을 통해 팀워크 강화
인적 자원	인재채용, 역량 맞는 보직 재배치, 전임 교수제
가치 경험	깨끗한 환경, 친절한 분위기, 지속적 콘텐츠 개발을 통해 고객의 품질 제공
생산성	자원과 첨단기술의 활용, 측정가능한 운영시스템 개발, 채널의 간소화를 통해 효율성 창출
마케팅과 판매	충성고객층 창출, 브랜드 인지도 강화, 통합고객 DB 프로그램을 통해 매출 강화

Core Value

Mission — Why? 우리가 존재하는 이유는 무엇인가?

Vision — What? 우리가 궁극적으로 되고자 하는 미래상은 무엇인가?

Strategy — How? 미션과 비전 달성을 위한 구체적인 방법은 무엇인가?

파트 4
한 번에 OK 받는
실전 기획서 작성법

기획 작업의 메인단계는 역시 기획서 작성이다.

이 단계에서는 무엇보다 구성력과 표현력, 문장력이 요구된다.

성과를 높이는 기획서를 작성하려면 매 단계를 순서대로 밟아

나가야 한다. 초안을 기초로 해서 전체적 구성의 흐름에 맞게

작성하되, 지나치게 초안에 의존할 필요는 없다.

실제로 기획서를 작성할 때에는 어느 과정보다 공을 더 많이

들여야 하며, 집중력이 절실히 필요한 단계이다.

이제부터는 구체적으로 기획서 작성법에 대해서

알아볼 것이다.

기획서 작성에 앞서 반드시 점검해야 할 3가지

희망은 일상적인 시간이 영원과 속삭이는 대화이다. 희망은 멀리 있는 것이 아니다.
바로 내 곁에 있다. 나의 일상을 점검하자.

라이너 마리아 릴케

본격적인 기획서 작성에 앞서 반드시 점검해야 할 사항이 있다. '누구에게 전달하는 것인가? 빠르게 작성할 수 있는가? 쉽게 이해시킬 수 있는가?'이다. 이를 3S Sensitive, Speedy, Simple라고 한다.

센서티브 : 누구에게 전달하는 것인가?

어떤 문서든지 누구에게 건네지고, 누가 검토하며, 누가 결정하는지 등 상대가 누군지를 확인할 필요가 있다. 우선 상대와 자신의 관계가 상사인지, 동급인지, 아랫사람인지, 거래처인지에 따라 의사소통방법이 달라지기 때문이다. 기획하는 동안에는 자신의 논리대로 해도 상관없지만 기획서 작성은 상대방의 이해 수준에 맞추어 작성해야 한다. 상대방이 확실해지면 즉시 기획서 만들기에 들어간다. 앞서 말한 구성요소가 뼈대라면, 구체적으로 문서를 작성하는 것은 거기에 살을 붙이는 것이다. 초고가 다소 엉성하더라도 실망할 필요는 없다. 초고는 단지 시작일 뿐이다. 최종 상태만 완벽하면 되는 것이다.

스피디 : 빠르게 작성할 수 있는가?

어떻게 하면 빠르게 초고를 완성할 수 있을까? 기획서는 빠르게 작성해야 한다. 기획서 작성은 속도가 생명이라고 해도 과언이 아니다. 왜냐하면 기획을 둘러싼 주변 여건과 상황은 시시각각 변하기 때문이다. 경쟁업체의 상황, 시장 상황, 소비자 태도의 변화에 따라 모든 기획적인 요소들은 기획과정에서도 수시로 변화하고 발전하므로 기획에서 반영한 데이터는 반드시 과거가 아닌 현재의 것이어야 한다. 자칫 꾸물거리다가는 이미 문서에 반영한 데이터가 무용지물이 되기 십상이기 때문에 기획서를 작성할 때는 주어진 시간 내에 작성하고 실행될 수 있는지도 충분히 고려해야 한다.

심플 : 쉽게 이해시킬 수 있는가?

좋은 글은 상대방을 가장 쉽게 이해시킬 수 있는 글이다. 산만한 글은 글쓴이가 전달하고자 하는 바를 올바로 전달할 수 없다. 우선 문장이 간결해야 한다. 간결한 문장은 핵심적 내용의 압축과 부수적 내용의 생략으로 이루어진다. 기획서가 간결해지기 위해서는 일단 작성한 문서를 여러 단계에 걸쳐 수정·보완하면서 어떤 것이 핵심이고 그를 뒷받침하는 내용은 무엇인지 확실히 파악해서 문서에 반영해야 한다.

ORES 논리적 틀을 만들어주는 'ORES 법칙'

'ORES 법칙'은 생각을 논리적으로 전달하기 위한 것이다. 자신의 메시지를 논리적으로 구성하는 데 필자가 자주 애용하는 틀이 'ORES'이다.

- **Outline** 개요가 잘 잡혀 전달되고 있는가?
- **Reason** 개요가 나오게 된 배경과 이유 등을 제시하고 있는가?
- **Example** 이해를 돕기 위해 적절한 예를 들고 있는가?
- **Summary** 마지막으로 깔끔하게 요점을 요약하고 있는가?

ORES 법칙은 생각을 논리적으로 전달하기 위한 것이다. 아주 간단해 보이지만 강도 높은 적응 훈련을 통해 자연스럽게 습득해야 한다. 기획서를 쓰고 있다면 당장 ORES 법칙을 적용하여 효과 만점의 기획서를 만들어보자.

키워드로 방향을 정하라

목수가 모든 사람의 말대로 집을 짓는다면 결국 비뚤어진 집을 지을 것이다.

덴마크 속담

기획서 작성은 키워드로 눈길을 잡아라

기획서의 기본 단위는 단어이고, 이 중에서 핵심적인 단어를 찾는 것이 중요하다. 키워드는 배의 키와 같이 방향을 정해준다. 키워드 설정은 브레인스토밍, 브레인 라이팅 등을 통해 수렴된 단어일수록 좋다. 어떤 문서를 여러 번 읽은 후에야 이해할 수 있다면 그 문서는 이미 실패한 것이나 마찬가지다. 말하고자 하는 바가 이미 제목에 드러나 있지 않다면 읽는 사람에게 어필하기 힘들다. 전달하고자 하는 요점을 먼저 파악할 수 있도록 키포인트를 앞에 넣고 다음에 부연 설명을 하는 것이 좋다. 처음부터 문장을 만들어 쓰는 것은 나중에 전체적 구조가 헝클어질 수 있으므로 좋지 않다. 문장보다는 키워드를 먼저 써서 본문의 내용을 항목별로 분류하여 간략하게 기재하면 전체 내용에 대한 이해도 빠르고 기억하기에도 쉽다. 리스트 업, 취사선택, 그루핑 등으로 키워드를 찾는다.

기획서에서 가장 중요한 것은 메시지이다. 어떤 메시지를 전달하느냐가 기획의 성패를 좌우한다. 자신의 메시지를 강화하기 위한 5가지 전략을 정리하면 다음과 같다.

❶ 과거의 체험을 들려줘라 : 가장 자신 있는 메시지일 때 가장 좋은 호응을 받을 수 있다.

❷ 메시지를 단순화하고 반복하라 : 많은 것을 전달하는 것보다 하나라도 집중적으로 전달한다.

❸ 쉬운 것으로 비유하라 : 지나치게 어려운 용어보다는 쉬운 비유가 돋보일 때가 있다.

❹ 보조도구를 동시에 사용하라 : 형광펜이나 색연필, 컬러펜 등 을 쓰면 메시지 강화에 도움이 된다.

❺ 레퍼런스를 제공하라 : 출처를 명확하게 밝히는 것이 메시지를 더 강화시킨다.

기획서의 핵심용어를 찾아라

기획서의 본질은 조직과 개인 간의 의사소통에 있다. 특히 기획서 작성의 본질 중 가장 중요한 것은 구체적으로 의사결정을 해야 한다는 것이다. 누가 읽어도 같은 의미로 받아들일 수 있으려면 키워드는 객관적 사실fact을 기술해야 한다. 읽는 사람에 따라 다른 의미로 받아들여진다면 기획서로써의 가치를 상실한 것이다. 기획서는 한마디로 조직을 대표하는 의사표시의 한 방법이다.

조직 활동은 지시나 보고에 의해 이루어지며, 이때 문서는 업무의 시작과 끝의 역할을 한다. 거의 모든 일이 원칙적으로 문서에 의해 시행되므로 기획서 작성 시에 조직을 이해하고 설득하는 과정이 있어야 한다. 삼성그룹에서는 신입사원을 가르칠 때 쓰는 <삼성용어사전>이 있을 정도이다. 비즈니스 용어는 조직을 대표하고 이해하는 과정이라는 것을 명심해야 한다. 조직의 의사를 정확하게 전달하려면 문장의 화려함보다는 문서의 핵심용어를 깨닫는 것이 중요하다.

키워드를 3가지로 정리하라

세계적인 컨설팅 전문 업체로 유명한 맥킨지에서 매직넘버magic number는 3이다. 맥킨지에서 어떤 경우든 3가지로 정리해 효과를 보면서 유명해진 이 방법은 간결하게 요약하여 핵심만 전달한다는 맥킨지만의 원칙이 담겨 있다.

기획을 하는 단계에서는 컴퓨터, 통계학, 계량경제학, 축적된 통계자료, 축적된 연구결과 등 정보를 활용할 수는 있지만, 기획서는 이 정보들을 취합해 일관된 메시지를 3가지로 정리해 전달해야 한다. 이때 어떤 메시지를 전달하느냐가 기획의 성패를 좌우한다.

가장 중요한 것은 상대의 의도를 파악하는 것이다. 가령 상사로부터 문서 작성에 대한 지시를 받았을 경우 조금이라도 의문사항이 있으면 곧바로 질문해서 그

의문을 풀어야 한다. 나중에 질문하면 오히려 질책당하기 십상이다. 기획서는 일차적으로 의사전달이 목적이므로 상대방이 쉽게 이해할 수 있도록 보편적인 단어를 사용해야 한다. 여러 가지 키워드를 나열하거나 산만한 문장도 가급적 배제해야 한다. 비효율적인 글쓰기가 되지 않으려면 키워드를 찾아 상대의 의표를 깊숙이 찌를 수 있는 메시지로 강화해야 한다.

해외여행을 기획한다면 고객의 마음을 어떻게 훔칠 것인가를 결정해야 한다. "두근두근 세계여행! 떠남이 없으면 설렘도 없다" "고민과 걱정 가득한 일상을 뒤로한 채 훌쩍 파리여행을 떠나보세요" "전 세계 곳곳을 누빈 사람들에게 과연 무슨 일이 벌어졌을까요?" 등과 같이 고객의 입장에서 상대방이 쉽게 이해할 수 있도록 용어를 선택해야 한다.

QCT 경제적 기획서의 원칙 : QCT

기획에서 가장 중요한 것은 좋은 품질, 적은 비용, 적은 시간을 들이는 것이다.

- Quality 품질은 어떠한가?

- Cost 원가는 얼마인가?

- Time 데드라인을 지킬 수 있는가?

> # 기획서의 성공은 제목이 절반이다
>
>
>
> 첫 문장은 읽기 쉽게 써서 확실하게 소비자의 눈을 붙들어야 한다.
> 첫 문장의 유일한 목적은 두 번째 문장을 읽게 하는 것이다.
>
> 조셉 슈거맨

제목은 얼굴이다

'제목이 절반'이라는 말이 있을 정도로 제목은 기획서의 얼굴이며 첫인상을 결정하는 중요한 요소이다. 아무리 내용이 훌륭하더라도 읽는 사람의 관심을 끌지 못하면 아무 소용이 없기 때문이다. 그래서 기획서는 제목부터 작성하는 것이 좋다.

초대형 베스트셀러였던 ≪아프니까 청춘이다≫의 제목은 원래 '젊은 그대에게' 였다고 한다. ≪아프니까 청춘이다≫ 제목은 정호승 시인의 <수선화에게>의 시 구절을 떠오르게 한다.

"울지 마라 / 외로우니까 사람이다 / 살아간다는 것은 외로움을 견디는 일이다

/ 공연히 오지 않는 전화를 기다리지 마라 / 눈이 오면 눈길을 걸어가고 / 비가 오면 빗길을 걸어가라." 이처럼 평소에 인문학을 가까이하면 제목을 잡는 데 매우 유용하다. 책의 내용도 전체적으로 명령조에서 부드럽게 변경한 기획이 베스트셀러가 되는 데 일조를 한다.

혹시 ≪You Excellent≫라는 책을 들어본 적이 있는가? 켄 블랜차드의 ≪Whale done≫라는 책을 번역·출간하면서 처음 달았던 제목이다. 그런데 독자의 흥미를 끌지 못해 제목을 ≪칭찬은 고래도 춤추게 한다≫로 바꾸었더니 대박이 났다고 한다.

문서는 읽히지 않으면 종잇조각에 불과하다. 그러므로 상대방의 흥미를 불러일으킬 수 있도록, 광고의 헤드카피나 신문의 헤드라인처럼 간결하고 정확하며 매력 있는 짧은 문장으로 표현해야 한다. 제목은 대략 20자 이내_{공백 포함}로 압축하는 것이 좋다. 지나치게 길어지면 내용을 한눈에 파악하기 힘들다. 상대방의 관심과 흥미를 유도하는 제목을 써야 신문에서도 인터넷에서도 채택된다. 그러나 얕은 수를 써서 제목으로 흥미만 유발시키는 이른바 '낚시'형 제목은 안 된다. 그것은 오히려 신뢰성을 떨어뜨리기만 할 뿐이다. 단기적 흥미 유발이 아닌 장기적으로 내용이 충실한 콘텐츠를 개발해야 한다. 이때 문서 작성자는 내용을 먼저 생각하고 제목을 달지만, 결재자는 거꾸로 제목을 먼저 보고 내용을 읽는다는 사실을 기억해야 한다. 그러므로 읽는 사람의 입장에서 제목을 잡는 것이 핵심이다.

참고로 외부에 노출이 필요한 문서 작성에서는 포털 사이트의 랭킹 검색어 중에서 키워드를 찾아 제목을 잡는 방법도 좋다. 추천 검색어로 될 만한 것을 집어넣어야 장기적으로 사람들이 찾는 콘텐츠가 될 가능성이 많다. 이처럼 미래를 내다보고 트렌드 용어를 제목으로 살려야 한다.

❶ 매출과 직결시켜 흥미 유발하기 예) 기업 환경에 따른 매출신장 강화 판매전술 기획안

❷ 트렌드 용어로 호기심을 끌기 예) 빅데이터를 활용한 남성 대상 마케팅 전략 기획안

❸ 읽는 사람의 입장에서 쉽게 접근하기 예) 《칭찬은 고래도 춤추게 한다 2》 기획안

❹ 쉽게 기억하기 위해 리듬을 살리기 예) 마켓플레이스의 비즈니스 모델과 성공사례 기획안

제목에서 목적과 범위를 규정하라

제목은 글의 성격을 밝혀주는 헤드라인이다. 기획의 제목은 목적과 범위를 규정해야 하고, 그 기획이 어떤 방향으로 가려는지를 명확하게 드러내 주어야 한다. 왜냐하면 제목 자체가 기획의 타당성과 중요도를 나타내고 있기 때문이다. 하지만 제목만으로는 상대방에게 전달하고자 하는 바를 명확하게 전달하기 어려운 경우도 있다. 그럴 때는 제목 다음에 부제를 달아주면 제목을 더 상세히 뒷받침하는 역할을 통해, 제목을 보충하고 본문을 읽을 수 있도록 확실한 정보를 제공하게 된다.

부제도 제목과 마찬가지로 완전한 문장일 필요는 없다. 아울러 부제는 제목 바로 아래에 붙이되, 제목보다는 작은 크기로 2행을 넘지 않는 것이 좋다.

어떤 문서든지 제목과 부제, 목차와의 관계가 확연히 드러나지 않으면 좋은 점수를 받기 힘들다. 대부분의 기획서도 제목만 보고 전체를 판단하며, 신문기사도 대개 헤드라인만 훑어본다. 강력한 헤드라인, 심플한 서브헤드라인, 색다른 콘텐츠의 본문 등으로 승부를 걸어야 한다. 제목을 달 때는 반드시 범위를 분명히 해야 한다. 이때 가장 많이 쓰이는 방법이 해당 연도를 밝히는 것이다. 추상적인 제

목은 읽는 사람을 지치게 만든다. 제목에서 목적이나 목표를 단도직입적으로 분명히 밝혀주는 것이 좋다.

1. **목적이나 목표로 잡기** 예) 조직 활성화를 위한 개인과 팀의 win-win 커리어관리 전략
2. **도구나 수단으로 사용하기** 예) 구매 행동분석을 통한 상품 기획
3. **시점을 선명하게 하기** 예) 소비 트렌드로 보는 2030년 히트 상품 예측
4. **부제를 활용하기** 예) 합리적인 운영방향에 관한 기획서 : 기존 도입사례를 중심으로

제목 끝에 문서의 성격을 표시하라

제목에는 문서의 성격을 표시해야 한다. 제목 끝에 기획, 제안, 보고, 계획, 조사, 회의 등 문서의 종류를 밝혀주면 성격이 명확해진다. 문서는 첫 장에서 승부를 걸어야 하기 때문에 제목을 잘 정하는 것이 특히 중요하다. 그러나 그에 못지않게 중요한 것은 제목과 내용과의 관련성이며, 먼저 제목을 결정하고 내용을 쓰는 것이 좋다. 그것이 어렵다면 가제라도 결정하고 내용을 쓰면 제목과 내용 간에 상호관련성이 유지될 수 있다.

거듭 말하지만 중요한 것은 제목을 통해 전체 내용을 한눈에 파악할 수 있도록 하는 것이다. 어렵고 복잡한 문서라면 차라리 어렵고 복잡한 제목을 달더라도 내용을 충실히 반영한 제목이 좋다. 하지만 최근에는 어렵고 복잡한 문서라도 내용을 풀어서 알기 쉽게 제목을 붙이는 추세이다. 예를 들면 '2030년 국제금융과 상품시장 전망'이라는 제목을 요즘에는 '2030년 국제금융과 상품시장, 어떻게 될

까'라고 풀어서 달고 있다.

그리고 제목에 부분적인 실수는 없는지 확인하는 점검과정을 반드시 거쳐야 한다. 치명적인 실수는 제목에 오자나 탈자가 있는 경우이다. 제목에서의 실수는 더욱더 크게 부각되게 마련이므로 그런 일이 없도록 각별히 유의해야 한다. 다음은 제목 끝에 문서의 성격을 표시한 경우를 예로 든 것이다.

- 기획서   예) 신규 론칭 제품에 관한 마케팅 기획서
- 제안서   예) 기업교육 프로그램 제안서
- 계획서   예) 주요 구매 선호제품에 관한 홍보 계획서
- 보고서   예) 주요 경쟁사 SWOT 분석 보고서

MECE로 논리적 목차를 잡아라

나에게 아직 데이터가 없다. 데이터를 얻기 전에 이론화부터 하는 것은 큰 잘못이다.
사실자료에 맞는 이론을 찾아야 할 텐데 자기 이론에 맞도록
사실자료를 꿰어 맞추는 나쁜 버릇이 사람들에게 있다는 말이다.
코난 도일의 〈셜록 홈즈〉 중에서

전체적인 구성의 체계도를 잡아라

전체적인 구성의 체계를 잡는 것이 바로 목차이다. 대부분 목차를 읽는 것으로 그 기획서를 평가한다. 쓰레기통으로 갈지 고이 모셔지게 될지는 목차를 구성하는 기술에 달려 있다고 해도 과언이 아니다. 따라서 단단한 논리를 세우고 목차를 구축해야 하는데, 초보자일수록 구성요소를 한 번 만들어보고 작성하는 것이 좋다.

훌륭한 기획서의 목차는 단순히 쪽수를 안내하는 기능이 아니라 핵심 키워드로 간결하면서도 논리적으로 구성된 것이다. 논리적 목차를 구성하기 위해서는 우선 틀을 잡아야 한다. 다음 중 여러분이라면 어떤 목차를 선택할 것인가?

논리적 목차 구성

Before	After
1안 **신상품 기획안**	**2안** **싱글족을 위한 신상품 〈Singlebox〉 기획안**
	1. 싱글족 타깃 사업 추진 배경
1. 추진 배경	1.1. CEO 담화
	1.2. 환경 요구
	2. 싱글족 상품 현황 분석
2. 현황 분석	2.1. 경쟁사와의 비교분석
	2.2. 기존 싱글족 상품의 문제점
	3. 싱글족 상품 개선 방안
3. 문제점 도출	3.1. 싱글족 상품의 편리성
	3.2. 싱글족 상품 유통전략
4. 개선 방안	4. 전체 일정
5. 추진일정 계획	5. 예산

1안은 대략적인 것만 적은데 비해 2안은 비교적 상세하게 적어서 목차만 봐도 전체적인 내용을 구체적으로 일목요연하게 보여주고 있다. 이처럼 목차를 상세히 적지 않으면 연결고리가 사라져 논리적 비약이 생길 수 있다.

시나리오 구축의 3단계 : 삼단논법

기획서를 잘 작성하는 사람은 자신이 의식하든 안 하든 대부분 시나리오 구축의 3단계에 근거해서 논리적 사고의 흐름을 만들어낸다.

시나리오 구축의 3단계는 아리스토텔레스의 삼단논법에서부터 스티브 잡스의 프레젠테이션에 이르기까지 많은 사람들이 사용하고 있다. 이 방법에 따른 목차는 그냥 파편적으로 나열된 목차가 아니다. 여기서 말하는 '시나리오'란 얼마나 '사실적으로 정확하게' 전달하는 것보다 얼마나 '논리적으로 정연하게' 설득하는가에 있다.

삼단논법은 대전제, 소전제, 결론의 구성으로 이루어진다. 이때 가장 중요한 것은 반드시 대전제가 '참'이어야 한다는 것이다. 대전제가 거짓이면 결론도 거짓이 되기 때문이다. 논리 정연한 목차를 만들려면 삼단논법의 기본원리를 터득해야 한다.

❶ 대전제는 주제를 둘러싼 자신의 철학 및 사상을 가리킨다.

　　예) 모든 사람은 죽는다.

❷ 소전제란 대전제에서 제시한 사상과 자신의 주장을 연결시키는 고리 역할을 한다.

　　예) 아리스토텔레스는 사람이다.

❸ 결론은 두 전제를 토대로 나온 자신의 주장이다.

　　예) 그러므로 아리스토텔레스는 죽는다.

MECE를 활용한 목차 구성법

목차 구성에서 가장 중요한 것은 중복된 것을 제거하는 것이다. 바로 큰 덩어리를 어떻게 논리적으로 분석해서 제목과 소제목과의 연관성을 강화시키느냐이다. 이때 중요한 것은 나누고 쪼개는 과정이다. 그 하나의 방법으로 많이 쓰이는 것이 'MECE'이다. 이는 'Mutually Exclusive and Collectively Exhaustive'의 약자로서 '서로 중복된 것도 없고, 누락된 것도 없이' 문제의 전체를 파악하는 사고방식이다.

MECE는 문제를 하나로 파악하는 방식에서 벗어나 문제를 하나하나의 묶음으로 파악한다. 그렇기 때문에 체계를 잡기 위해 서로 비교·검토해서 목차를 만들 때에 가장 효율적인 방법이다. 중복도 없고 누락도 없는 대표적인 예를 들어보면 식품에서 냉동, 냉장, 상온으로 제품을 분류하는 것이다. 아래의 그림을 보자.

MECE를 활용한 예시

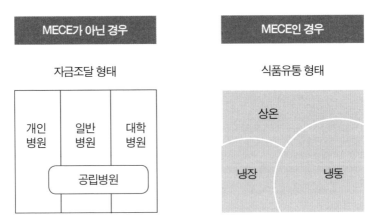

MECE가 어렵다면 식품유통형태인 '상온, 냉장, 냉동'을 생각하자. '상온, 냉장, 냉동'은 서로 중복된 것도 없고, 누락된 것도 없이 전체를 이룬다. 기획서에서 가장 많은 지적을 받는 것이 중복된 것이다. 병원의 자금조달 형태로 '개인병원, 일반병원, 대학병원'만 생각하면 MECE인 것 같으나, '공립병원'이 들어가면 중복되는 것이 발생한다. 따라서 병원 자금조달 형태 분류보다는 병원 설립·운영 형태 분류로 공공병원국립대학병원, 국립의료원, 시도립병원 , 사립병원법인체병원, 개인병원으로 구분할 수 있다.

비즈니스 세계에서 가장 비효율적인 것은 중복이다. 사실 누락된 것 전체를 하나하나 확인해야 하니 눈에 잘 띄지 않을 수 있다. 따라서 가용한 자원을 최대한 효율적으로 생각해야 한다.

- 전체 목차에서 누락된 내용이 있는가?
- 세부목차에서 비슷하거나 중복된 내용이 있는가?
- MECE로 파악하여 우선순위는 어떻게 되는가?
- 목차의 순서와 깊이를 재조정해야 하는가?

목차를 논리적으로 구성하기 위해서는 체계적인 접근이 중요하다. MECE를 이용한 논리적인 사고로 문제를 하나하나 트리 모양으로 풀어가는 방법을 '로직 트리logic tree'라고 한다. 로직 트리는 문제를 대분류, 중분류, 소분류 등으로 목차로 분류하여 우선 큰 문제를 먼저 제시한 다음 각각의 문제에 대해 다시 분석하는 방법이다.

이때 주의할 점은 앞의 대분류에서 벗어나지 말아야 한다는 것이다. 로직 트리에서는 하나의 문제가 나올 때마다 '왜 그럴까?'를 끊임없이 생각해야 한다. 어떻게 이러한 문제가 나왔는지 계속 생각하되, 그 원인 파악은 원하는 표적에서 벗어나지 말아야 한다. 로직 트리의 특징은 다음과 같다.

• 빠짐이나 중복을 사전에 체크할 수 있다.
• 원인, 해결책을 구체적으로 찾아낼 수 있다.
• 각 내용의 인과관계를 분명히 할 수 있다.

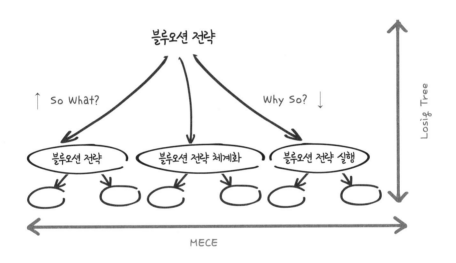

제목
주제, 주장

저자가 전달하고자 하는 결론으로 독자의 자연스러운 질문에 대한 답변이 됨

소제목
주요 포인트

저자의 결론을 지지하거나 입증하는 주요 요점들

보충
사실, 자료 등의 예시

각 키라인(Kye Line)을 지지해주는 사실, 자료 혹은 근거들

논리적 목차를 먼저 세워라

논리적 비약을 막아주는 'so what?' vs 'why so?'

논리적 비약을 막아주는 방법으로 가장 중요한 것은 크로스체크이다. 'so what?'과 'why so?'를 살펴보자. 우선 'so what?'은 '그래서 결국 무엇을 하자는 것인가?' 즉, 과제에 대한 보충자료 중에서 주요 포인트를 추출하는 작업이다. 예시된 블루오션 사례 중에서 주요 포인트를 추출하는 과정을 통해 블루오션전략의 개념을 세울 수 있다.

반대로 'why so?'는 '왜 그렇게 말할 수 있는 것인가?' 즉, 'so what'으로 나온 주요 포인트의 타당성을 검증하는 작업이다. 결과적으로 'so what?' 질문과 'why so?' 질문 습관을 기른다면 논리의 완성도는 더욱더 높아진다.

이와 같이 MECE를 이용하면 아무리 많은 자료나 내용이라도 한 장의 목차로 정리할 수 있다. 이 한 장에서 모든 정보를 얻을 있고 구성도 한눈에 파악할 수 있는 것이다. MECE라는 간단한 방법만으로도 일을 할 때 효과적인 업무 수행에 상당한 도움이 된다.

축구에서 골을 넣는 것이 중요하다고 해서 11명의 선수 중 골키퍼를 제외한 모든 선수가 공격에 가담한다고 해도 골을 넣을 수 있는 것은 아니다. 자원을 어떻게 효율적으로 배분하느냐가 결과를 다르게 만든다. 목차를 잡을 때는 목수가 되었다고 생각하라. 기둥을 세우는 것은 주춧돌이 잘 놓여있어야 가능하다.

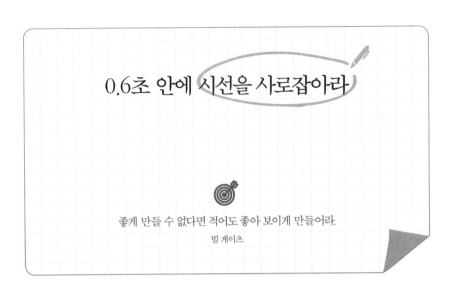

0.6초 안에 시선을 사로잡아라

좋게 만들 수 없다면 적어도 좋아 보이게 만들어라.

빌 게이츠

한 번에 OK 받는 기획서의 시작은 사람들의 시선을 사로잡는 것이다. 첫 타이틀에서부터 마지막 문장까지 시선을 붙들고 있어야 한다. 시선을 잃으면 생명력을 잃는다. 오죽하면 청와대에서도 문서 작업 매뉴얼을 만들어 배포하겠는가? 세계적인 경영의 구루 톰 피터스Thomas J. Peters는 '진열대에 놓은 상품이 팔리기 위해서는 0.6초의 짧은 시간에 소비자의 시선을 사로잡아야 한다'라고 역설한다.

목적에 맞는 레이아웃을 결정하라

문서 편집에서 가장 중요한 것은 '읽는 것'이 아니라 '보여주는 것'이라는 사실이다. 누군가에게 보여주기 위해 작성하는 모든 문서에는 나름의 목적이 있다. 가령 투자 제안서는 상대방에게 제안할 내용을 이해시켜 추진하는 사업에 투자하게끔 만드는 것이 목적이다. 신제품 마케팅기획서는 신제품의 포지셔닝을 파악해 어떻게 마케팅하는 것이 효과적인가를 고민하고, 시장 동향을 면밀하게 검토한 후 대책을 마련해야 한다. 이렇듯 목적에 부합하는 레이아웃인가를 끊임없이 질문하고 파고들어야 한다.

문서 용도에 맞게 편집하라

　문서는 용도에 맞게 형태, 용지, 크기, 여백, 편철 등을 결정해야 한다. 문서 형태는 크게 세로 문서와 가로 문서로 나뉜다. 세로 문서는 주로 워드 문서MS Word, 아래한글 등에 사용하며 텍스트 중심의 공식 문서가 대부분이다. 반면 가로 문서는 프레젠테이션 문서파워포인트 등에 사용하며 이미지 중심의 발표용 문서로 많이 사용된다. 문서 용지는 문서 작성, 처리, 보관 등에 효율성을 기할 수 있는 것을 선택하는 것이 요령이다. 용지의 크기는 일반적으로 A4용지가로 210mm×세로 297mm를 많이 사용하며, B5용지가로 182mm×세로 257mm, B4용지가로 257mm×세로 364mm 등을 기본 규격으로 하고 있다. 용지의 색상은 백색을 기본으로 하고 색지는 특별한 목적이 있을 때만 사용한다. 문서 여백은 상 30mm, 하 20mm, 좌 15mm, 우 20mm 등으로 쓴다. 문서의 편철 위치나 용도에 따라 각 여백을 달리할 수 있다.

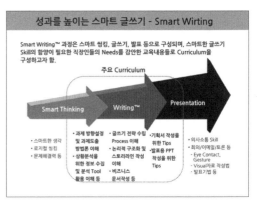

문서의 포장법 : 편집방향의 선택

세로문서(Word) Vertical Document	가로문서(PPT) Horizontal Document
텍스트 중심, 세밀한 수치가 반영된 표나 그래프의 문서에 적합. 상대적으로 두터운 문서. 거의 모든 공식문서는 반드시 세로형으로 작성	그림이나 세세한 지표가 표기되지 않는 도표 중심의 문서에 적합. 상대적으로 얇은 분량의 문서. 프레젠테이션 자료, 브로슈어 등에서 주로 사용.

항목을 구분해서 써라

논리적으로 글을 쓰기 위해서는 그냥 서술하는 것보다 항목을 구분하는 것이 매우 중요한 역할을 한다. 문장을 항목별로 나누어 쓸 때 번호나 부호를 사용하며, 순서에 따라 한 글자씩 오른쪽으로 들여 쓰도록 한다. 특히 괄호가 없는 것은 마침표를 찍어서 본문 내용과 구별할 수 있도록 한다. 상하 구조가 있는 목차 항목은 목차를 만들 때 위아래 항은 시작하는 부분을 다르게 설정한다. 위 항목보다 최소 3칸, 또는 1탭tab 들여 쓰기를 주어야 한다. 본문 내용에 관계된 목차의 항목은 'I -A-1.-a)' 또는 '장-절-1.-가)' 등으로 나누어야 한다. 시간을 단축시키고자 정부 주도의 1)은 최근 사용하지 않는 추세이다. 또한 표 및 그림의 차례는 '표 1, 표 2, … 그림 1, 그림 2, …'라고 일련번호를 붙이고 제목을 기입해야 한다. 목차는 항목에 대한 대상 페이지 번호가 기재되어 있어야 하고 반드시 아라비아 숫자만 가능하다.

최근 경향은 전 세계적으로 숫자로 1., 1.1., 1.1.1., 1.1.1.1. 등으로 통합되는 추세에 있다. 예를 들면 다음과 같다.

가독성을 높이는 편집을 하라

우선 첫 장에서 관심을 끌어 끝까지 읽게 하는 것이 중요하다. 기획서의 분량이 많을 경우에는 표지에 박스를 만들어 요약내용을 넣어주면 좋다. 박스를 사용하면 시선을 집중시킬 수 있기 때문이다. 그밖에 밑줄을 긋거나 **볼드체로 강조하는** 기법 등 기획서를 읽는 사람들을 배려하는 것도 좋다.

그리고 글자 크기는 상황에 따라 다르게 지정하는 것이 좋다. 종이에 인쇄할 것이냐, 슬라이드 문서를 프로젝터에 띄울 것이냐, 장소의 크기 등에 따라 각각 다르게 지정해야 한다. 보기 좋은 글꼴은 기본적으로 고딕체와 명조체를 사용한다. 고딕체는 짧은 문장이나 단어를 눈에 확 띄게 하는 뛰어난 가시성을 갖고 있다. 제목은 고딕체로 쓰는 것이 원칙이고, 프레젠테이션은 대체로 고딕체를 기본으로 쓴다. 그에 비해 명조체는 문장을 읽기 편하고 뛰어난 가독성을 갖고 있다. 페이지 수가 많은 종이 기획서에서 장문을 읽어야 할 때 사용한다.

참고로 가독성legibility과 가시성visibilly은 다르다. 종이에 인쇄하는지, 프로젝터에 영사하느냐에 따라 다르게 보인다. 가독성은 읽는 것을 중요시하는 것이고, 가시성은 보는 것을 중요시하는 것이다.

비즈니스 문서 작성 시 알아두면 좋은 기초상식

- 글자 한글 맞춤법 통일안 및 표준어 규정에 따라 가로 쓰기로 작성하고, 글꼴은 바탕체 10~16포인트가 적당하다.

- 숫자 원칙적으로 아라비아 숫자를 쓴다. 단, 순서를 붙일 필요가 있는 문서명 등에는 로마자를 사용하기도 한다. 예) 1. 2. 3. I. II. III.

- 금액 유가증권 및 문서에 금액을 표기할 때는 숫자와 한글로 함께 기재하는 방법과 한자로 표기하는 방법이 있다. 숫자를 표기하는 한자인 '갖은자'는 숫자의 위조 등을 방지할 목적으로 보통 쓰는 한자보다 획을 더 많이 하여 모양과 구성을 달리 한 글자를 이르는 말이다. 갖은자는 금액을 표시할 때 많이 쓰인다.

  예) 금 15,790원(금 일만오천칠백구십 원) / 金 壹萬五阡七百九拾원.

- 연호와 날짜 서기 연호를 사용하며 문서상에서 '기'는 표시하지 않는다. 날짜는 숫자로 표기하되, 연월일의 글자는 생략하고 그 자리에 온점을 찍어 표시한다.

  예) 2015년 1월 15일, 2015. 1. 15.(최근에는 2015. 01. 15.로 써서 칸을 맞추는 경우도 있다).

- 시간 24시각제에 따라 숫자로 표기하되, 시간과 분의 글자를 생략하고 그 사이에 쌍점(:)을 찍어 구분한다. 예) 오후 3시 20분, 15 : 20.

- 색깔 검은색 또는 파란색 필기구 사용을 원칙으로 한다. 단, 도표나 글자의 수정 등 특별한 경우 다른 색을 사용할 수 있다. 보고문서의 경우 수정은 붉은색을 사용한다. 그러나 황색 계통이나 보라색, 담홍색 등은 복사 및 팩스 전송에 의한 문서 발송 시 글자가 잘 나타나지 않으므로 사용하지 않는 것이 좋다.

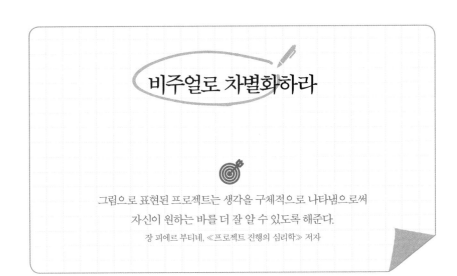

비주얼로 차별화하라

그림으로 표현된 프로젝트는 생각을 구체적으로 나타냄으로써
자신이 원하는 바를 더 잘 알 수 있도록 해준다.
장 피에르 부티네, 《프로젝트 진행의 심리학》 저자

표, 그래프, 비주얼로 사로잡아라

우리의 뇌는 글보다 그림을 좋아하고, 복잡한 것보다 간단명료한 것을 선호한다. 거창하게 하려고 하면 할수록 기획서는 복잡해진다. 굳이 자료를 어렵게 만들 필요는 없다. 고객의 눈높이에 맞는 자료일수록 효과적이며, 평소 자주 기획하는 자료에 대해 그림, 표, 그래프 등을 활용하여 시각화를 잘하면 정보가 한눈에 들어오게 되고 기획서의 완성도가 높아진다.

"나는 디자이너가 아닌데, 그림은 대충 하지…"

이런 생각으로 성의 없이 준비한 기획서가 과연 잘될 수 있겠는가? 사람들이 잘 받아들이고 깊은 감명을 줄 수 있는 기획서는 깔끔하면서도 비주얼이 강조된 기획서라는 것을 기억하자.

Visual 간단명료하게 정보를 시각화하는 5가지 방법

01 콘텐츠를 나열하기보다 표로 정리하라. 어설프게 디자인하기보다 유용한 인포그래픽 사이트를 활용하라.

02 데이터에 집착하지 말고 스토리의 큰 그림을 그려라.

03 핵심 키워드로 이미지 검색을 통해 다른 사람들은 어떻게 표현하는지를 살펴보라.

04 글자 크기를 키우고 줄이거나 색을 통해 강조하라.

05 전체적인 맥락에서 그림, 표, 그래프 등을 활용하여 시각화하라.

간단명료하면서도 고객에게 신뢰를 줄 수 있는 기획서가 진짜 좋은 것이다. 자칫 화려한 기획서는 신뢰성을 잃을 수 있다. 특히 이미지를 활용할 때 자신의 기술적인 면을 과시하다 오히려 기획서를 망치는 경우도 있으므로 조심하자. 지나친 이미지 활용은 오히려 득보다 실이 많다. 문장도 마찬가지이다. 지나치게 장문으로 작성된 문장은 단문으로 줄이고, 만약 단문으로 줄여지지 않는다면 그 문장의 핵심 키워드를 이미지를 사용하여 하나의 그림으로 표현한다. 이런 하나의 이미지는 문장을 쉽게 이해하도록 하는 힘이 있다.

한 번에 OK 받는 기획서의 비밀, 인포그래픽

최근 SNS 서비스가 활발해지면서 인포그래픽이 대두하고 있다. 정보성과 시사성을 갖춘 인포그래픽infographic은 SNS에서 엄청난 파급효과를 보여주고 있어 마케팅이나 홍보, 기획서에 많이 활용하고 있다.

'인포그래픽'이란 '인포메이션information+그래픽graphic'의 합성어로, 복잡한 정보를 빠르고 명확하게 설명할 때 디자인된 그래픽을 이용해 시각적으로 쉽게 이해하도록 한 것을 말한다. 차트, 다이어그램, 흐름도, 지도, 일러스트레이션 등이 포함된다.

정보 과잉, 빅데이터 시대에는 간결하고 핵심이 담긴 정보디자인이 필요하다. 그래서 한 장의 그림으로 설득하는 인포그래픽이 인기를 끌고 있는 것이다. 수많은 데이터를 한 장으로 정보를 시각화하는 인포그래픽이 대세인 것이다.

기획서 작성이 논문 작성하듯이 너무 지루하다면 아무도 보지 않을 것이다. 물론 사람에 따라 다르겠지만 적어도 지나치게 경직돼서는 안 된다. 보는 사람이 명확하게 이해할 수 있도록 비주얼을 강화하라. 어떤 것을 활용할지 선정할 때는 경험과 연구를 통해 자기 능력에 맞는 것을 선택해야 한다.

도해, 그래프, 색상으로 차별화하라

사람을 설득시키는 데 비주얼만 한 것이 없다. 그림은 한눈에 알아볼 수 있도록 표현된다. 간단히 만들 수 있고, 보는 사람의 흥미를 끌어 내용을 강력하게 부각

윤 코치의 기획서 실전 TIP

유용한 인포그래픽 사이트

- 국내 인포그래픽

  인포그래픽스 info-graphics.kr 다양한 종류의 인포그래픽, 제작툴 리뷰 등 쏠쏠한 정보도 얻을 수 있는 사이트.

  비주얼 다이브 www.visualdive.co.kr 국내 인포그래픽 뉴스 기사, 자체 제작 콘텐츠, 인포그래픽 작품들도 볼 수 있는 사이트.

  데이터뉴스 www.datanews.co.kr 뉴스 정보를 그래픽으로 볼 수 있으며, 별도로 인포그래픽 코너가 있는 사이트.

- 해외 인포그래픽 사이트

  인포그램 infogr.com 가장 알려진 널리 인포그래픽 사이트.

  비주얼리 visual.ly 해외에서 제작된 인포그래픽을 한눈에 볼 수 있는 유용한 사이트.

시킨다는 장점이 있다. 전달하고자 하는 메시지가 도형, 그래프 등과 함께 연상될 때 메시지는 강력해진다. 백 마디 말보다 한 장의 그림이 더 값질 때가 있다. 누군가를 설득하는 도구로써 그림은 상당한 위력을 발휘한다. 그러나 그림은 한 페이지에 1개 이상 사용하지 않는 것이 좋다.

도해

표의 기본은 피라미드형, 벤다이어그램형, 매트릭스형, 스타형의 4가지 형태가 가장 많이 쓰인다. 이들을 응용하거나 조합하여 다채롭게 표현할 수 있다.

❶ 피라미드형

피라미드형 구조는 트리형 구조와는 반대로 바텀업Bottom-up 접근 방식이다. 아래에서 위로 하나하나 올라가면서 무엇이 문제인지를 되풀이하고 요약해서 마지막에 결론을 내리는 구조이다. 삼각형으로 계층을 표현하는 방법을 가장 많이 선호한다. 각층의 상하관계 등을 명확하게 나타낼 수 있는 장점이 있다.

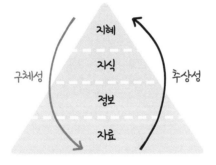

자료·정보·지식·지혜의 관계

❷ 벤다이어그램형

벤다이어그램Venn diagram은 원을 겹쳐서 상당히 복잡한 내용을 표현하기도 한다. 가장 많이 쓰이는 것이 3가지 원을 겹쳐서 이들 서로 간의 연관성과 전체적으로 전달하고 싶은 것을 표현하는 것이다. 그러나 지나치게 원의 개수가 늘어나면 전달하고 싶은 것을 명확하게 전달하기 힘들 수도 있다. 전체 집합과 그

부분집합의 관계, 또 부분집합과 부분집합의 합집합 및 교집합, 그리고 부분집합의 전체집합에 관한 여집합 등을 폐곡선으로 나타낸 그림을 말한다.

❸ 매트릭스형

매트릭스형matrix 중에서 가장 많이 쓰이는 것은 2×2 매트릭스이다. 가로축, 세로축을 등분할하여 만드는 매트릭스는 적절한 키워드로 채우면 세분화된 개별 요소가 전체에서 차지하는 위치를 뚜렷이 인식하는 데 매우 효과적이다. 매트릭스는 사분면의 영역별로 쓰는데, 왼쪽 아래가 가장 나쁜 상황을 표시하고, 오른쪽 위가 가장 최적화된 지향점을 표시한다.

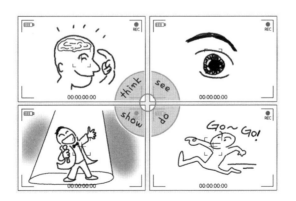

❹ 스타형

스타형 구조는 중심요소와 주변요소를 직선으로 연결하거나 화살표로 연결하는 경우가 많다. 중심요소는 여러 개의 개별요소에 따라 지탱되고 있을 때 또는 연관된 것을 나타내고 싶을 때는 중심요소를 가장 중앙에 배치해서 무엇이 가장 중요한지를 한눈에 알 수 있게 해준다.

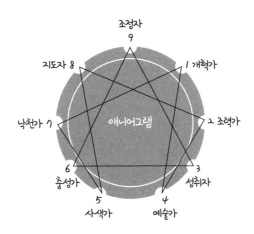

❺ 트리형

트리형 구조는 피라미드형 구조와는 반대로 톱다운Top-down 접근 방식이다. 큰 업무를 세분화하고 이를 선정하기에 쉬운 나무와 같은 구조이다. 처음에 결론을 내린 후 아래로 내려오면서 왜 그런지를 설명한다. 상대방을 설득시키는 데 활용하기 좋은 도구이다.

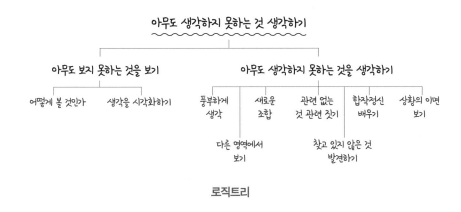

아무도 생각하지 못하는 것 생각하기

아무도 보지 못하는 것을 보기

어떻게 볼 것인가   생각을 시각화하기

아무도 생각하지 못하는 것을 생각하기

풍부하게 생각   새로운 조합   관련 없는 것 관련 짓기   합작정신 배우기   상황의 이면 보기

다른 영역에서 보기   찾고 있지 않은 것 발견하기

로직트리

그래프

그래프는 데이터를 한눈에 알아볼 수 있도록 적절한 그림으로 표현한 것으로, 다음과 같은 장점이 있다.

- 각각의 데이터를 비교하여 이해할 수 있다.
- 보는 사람이 알기 쉽고 구체적으로 판단할 수 있다.
- 데이터의 변화 추세나 상관관계를 파악할 수 있다.
- 누구나 손쉽고 간단하게 작성할 수 있다.

하지만 그래프에는 여러 가지 종류가 있으므로 목적에 따라 어떤 형태의 그래프를 사용할 것인지 신중히 고려해야 한다. 특정 데이터와 그래프 간에는 서로 잘 어울리는 것이 있으므로 이를 충분히 숙지한 후 그라데이션이나 무늬, 그림과 같은 채우기 효과를 적용하여 슬라이드 배경과 차별화하는 노력도 필요하다.

Graph **그래프 작성 시 주의해야 할 사항**

01 목적을 명확히 한다. 목적에 맞고 대상자가 알기 쉬운 그래프를 선정한다. 무엇을 호소하고 무엇을 알고자 하는지, 우선 그래프의 작성 목적을 명확히 하는 것이 중요하다. 목적에 관계되는 여러 가지 데이터를 모아 평균값, 편차, 비율 등을 계산한다.

02 중요 포인트로 압축하여 표현한다. 무엇이든 닥치는 대로 그래프를 그리는 것은 좋지 않다. 목적에 맞는 중요 포인트를 결정하고 가장 적절한 그래프로 그것을 표현해야 한다.

03 간결할수록 좋다. 문장은 간결하게 적어야 한다. 그래프도 마찬가지다. 일부러 복잡하고 알기 힘든 그래프로 만들 이유는 없다. 편안하게 제시하기만 해도 상대가 이해할 수 있도록 하기 위해 단순하고 명료하게 작성해야 한다.

04 필요사항을 기입해야 한다. 그래프를 작성하면 제목, 주제, 작성일, 작성자 이름 등 필요사항을 기입해야 한다. 제목은 그래프의 얼굴이므로 더욱더 유의하여 결정한다. 그래프의 가로, 세로, 눈금폭, 최댓값과 최솟값, 선의 종류, 식별방법 등을 정한다.

05 발견한 사실을 항목별로 기록한다. 작성 후 그래프에서 알아낸 것을 여백에 기록해두면 그래프의 활용도가 높아진다. 가로축·세로축의 설명, 단위, 작성 날짜 및 작성자, 자료 출처, 필요한 의견 등을 적는다.

❶ 꺾은선 그래프

시간 경과에 따른 변화를 보여주기에 적합하다. 시간별 변화를 비교하는 데 유리하며, 여러 가지 데이터의 경향을 비교할 때에도 많이 쓰인다.

예를 들어 월별 전기 사용량 추이, 자료 수집 추이, 매출증가율 추이, 가격별 추이 등에 유용하다.

❷ 세로 막대 그래프

총계와 구성비의 추이를 동시에 표시하여 복수의 요소를 비교하는 데 유리하다. 여러 종류의 데이터를 비교하는 데 자주 쓰인다. 세로 막대그래프는 수량의 크기를 막대의 길이로 표현한 것으로서 수량의 상대적 크기를 비교할 때 사용한다. 시간적인 변화를 나타내는 데는 적합하지 않지만 어느 특정 시점에서의 수량을 서로 비교할 때 유리하며 활용범위가 가장 넓은 그래프라고 할 수 있다.

예를 들어 거래처별 실적, 지역별 매출 실적, 매출액 비교, 반응 비교, 경쟁사 비교 등에 유용하다.

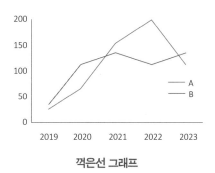

꺾은선 그래프 · 세로 막대 그래프

❸ 가로 막대 그래프

띠 그래프라고도 하는데, 구성비율을 나타내는 대표적 그래프로써 요소별 구성비율을 표시하는 데 적합하다. 원 그래프와 원리는 같지만 전체를 가느다란 직사각형의 띠로 나타내고, 띠직사각형의 면적을 각 항목의 구성비율에 따라 구분한다. 주로 시간의 경과에 따른 구성비율의 변화를 쉽게 볼 수 있도록 할 때 사용한다. 예를 들어 회사별 시장점유율, 제품별 매출 구성비율, 부서별 인원 구성비 등에 유용하다.

❹ 원 그래프

구성비율을 나타내는 대표적 그래프로서, 요소별 구성비율을 표시하는 데 적합하다. 원 그래프는 원 전체를 100%로 보고 각 부분의 비율을 원의 부채꼴 면적으로 표현한 그래프로, 전체와 부분, 부분과 부분의 비율을 쉽게 알 수 있다. 일반적인 원을 사용하는 것보다 각 파이 조각을 분리해서 사용하면 더 입체감을 얻을 수 있다. 원그래프를 만들 경우 항목은 일반적으로 시계 방향에 따라 크기순으로 배열한다. 예를 들어 시장점유율, 매출 구성비율, 인원 구성비 등에 유용하다.

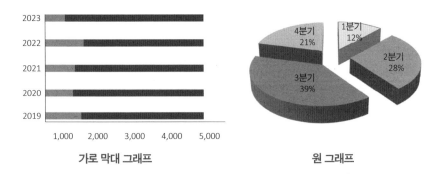

가로 막대 그래프   원 그래프

색상

색상을 사용하여 문서를 작성할 때는 색을 넣는 목적을 분명히 알아야 한다. 색상을 넣는 목적은 크게 3가지가 있다.

❶ 특정한 요점을 강조하기 위해 흑백 문서에는 밑줄 및 둘러싸기 등으로 글자를 강조하거나 굵은 선 등으로 그림을 강조한다. 컬러 문서의 경우 강조하고 싶은 글자나 그림에만 색을 사용하거나 전체적으로 수수한 색, 강조하는 부분만 빨강을 사용하여 강조하기도 한다.

❷ 이해를 돕기 위해 특정한 개념에 특정한 색을 일대일 대응으로 배당한다.

❸ 의도한 이미지를 주기 위해 따뜻한 색은 빨강·노랑, 차가운 색은 파랑·초록 등으로 나누어 사용한다. 따뜻한 색은 밝고 활동적인 인상을 주고, 차가운 색은 계산적이고 차분한 인상을 준다.

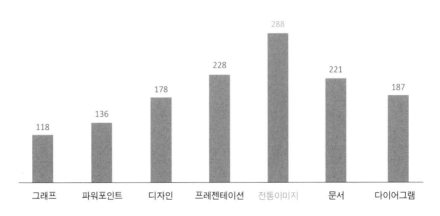

블로그 유입 키워드 분석의 예

차트, 무료이미지를 구할 수 있는 유용한 사이트

● 차트, 아이콘, 픽토그램* 사이트

* 픽토그램(pictogram)이란 '그림(picture)'과 '전보 (telegram)'의 합성어로, 의미하는 내용을 상징적인 그림으로 나타낸 일종의 그림문자.

iconfinder.com www.iconfinder.com 다양한 아이콘을 필요할 때마다 키워드로 검색할 수 있고 다운로드할 수 있어 아주 유명한 사이트임.

iconmonstr www.iconmonstr.com 아이콘파인더와 비슷하지만 아이콘이 재미있고 디자인이 훌륭하며, 바둑판식 썸네일 형태로 구성해 사용자가 편리하게 이용할 수 있어 마니아들에게 인기 있는 사이트임.

piktochart www.piktochart.com 템플릿 파일에서 간단하게 아이콘, 지도, 동영상, 그래프 등을 넣기만 하면 쉽게 훌륭한 인포그래픽 디자인이 완성되며, 디자인 퀄리티가 좋아서 기획자에게 유용한 사이트임.

gliffy www.gliffy.com 다이어그램, 순서도, 설계도 등 깔끔한 차트가 많이 모여 있어서 슬라이드 디자인을 만드는 사람들에게 유용한 사이트임.

the noun project www.thenounproject.com 아이콘 디자인 전문, 디자이너 등 소개하는 대표적인 픽토그램 사이트로 유명함.

● 무료 이미지 사이트

morguefile www.morguefile.com 자연풍경, 동물, 인물 등 하이퀄리티 이미지를 검색할 수 있어 플리커www.flickr.com처럼 유명한 사이트임.

pixabay www.pixabay.com 무료이고 저작권도 안전하며 원하는 사진의 자료가 많은 사이트임.

imagebase www.imagebase.net 비상업적 사진, 인물, 자연, 도시, 풍경 등 이미지 자료를 제공하는 사이트임.

● PPT 사이트

slideshare www.slideshare.net 프레젠테이션 공유 사이트로 파일 다운로드 및 업로드 가능함.

slidehunter www.slidehunter.com 무료 고급 템플릿 사이트로 슬라이드 디자인할 때 유용함.

프레젠테이션 매거진 www.presentationmagazine.com 무료 파워포인트 템플릿, 배경이미지 등을 제공하고 있음.

파사모 포럼 www.seri.org/forum/pasamo 삼성경제연구소 SERI '파사모(파워포인트를 사랑하는 모임)' 포럼, 7만 명 이상의 회원이 있음.

비즈니스 문서의 수정원칙을 지켜라

모든 문서의 초안은 끔찍하다. 죽치고 앉아서 쓰는 수밖에 없다.
나는 〈무기여 잘 있거라〉의 마지막 페이지를 총 39번 새로 썼다.

어니스트 헤밍웨이

문서 작성 체크리스트를 활용하라

기획서를 수정할 때는 체크리스트를 활용하면 편리하다. 기획서 체크리스트를 활용하면 어떤 것을 체크할 수 있는지 일목요연하게 파악할 수 있다. 기획서 전체를 볼 때는 분량·표제_{겉에 쓰는 제목}, 목차가 중요하다. 레이아웃을 볼 때는 행간·여백·그림 등을 적절히 하고, 내용은 이것저것 나열하지 말고 간결성을 추구하고, 주관에서 벗어나 객관성을 확인하고, 추정하지 말고 정확성을 체크하는 것이다.

기획서 체크리스트

기획서	전체	분량
		표제
		목차
	레이아웃	행간
		여백
		그림
	내용	간결성
		객관성
		정확성

특히 비즈니스 글쓰기는 가지치기가 핵심이다. 글을 끊임없이 평가해서 가지치기하고, 핵심 어휘를 중심으로 경제성을 고려하여 글을 삭제한다. 이때 문서의 수정은 전체적인 수정에서 세부적인 수정으로 하는 것이 좋다. 보통 전체 초고의 20% 정도를 삭제하는 것이 적당한데, 초고를 작성할 때 예상 원고보다 20% 정도 여유 있게 쓰는 것이 요령이다.

한편 직접 프린트한 문서의 일부분을 삭제 또는 수정하고자 할 때는 원래의 글자를 알 수 있도록 삭제 또는 수정해야 한다. 수정하는 글자의 중앙에 가로로 두 선을 긋고 삭제 또는 수정한다.

교정은 화장을 고치듯 하라

기획서를 고칠 때 교정부호는 크게 5개만 기억하라.

띄어 쓸 때는 띄움표(∨), 붙일 때 쓰는 붙임표(⌒), 글자를 삭제할 때는 뺌표(ℓℓ), 글의 순서를 바꿀 때는 자리바꿈표(∽), 간단히 내용을 바꿀 때는 수정표(⌀) 등을 알면 된다. 글쓰기의 수정은 마치 화장을 고치듯 해야 한다. 결혼을 앞둔 신부가 최대한 아름답게 보이기 위해 여러 번 화장을 손질하듯이 말이다. 여러 번 수정한 뒤 최종 수정본을 저장하고 인쇄해두는 것이 좋다. 그래야 교정하면서 과정을 알 수도 있고, 그것을 통해 문장력의 향상을 느낄 수도 있기 때문이다. 여러 번 문장을 손질해야 수준 높은 글이 나온다는 사실을 기억해야 한다. 다음은 교정부호의 종류와 예시이다.

교정부호의 종류

교정부호	기능	교정부호	기능
＞	줄 간격 띄우기	⌐	들여 쓰기
∨	사이 띄우기	⌐	내어 쓰기
⌒	사이 붙이기	⊓	끌어내리기
⌄	끼워 넣기(삽입)	⊔	끌어올리기
∽	자리 바꾸기	ℓℓ	지우기(삭제)
⌐	문단 나누기	⌀	내용 바꾸기(수정)
⤵	줄 잇기	◌, 生	되살리기

복잡한 표현

크게 다음 3가지로 나뉜다. 1.

영업사원으로서 갖추어야 할 지식과 노하우는 일반 상식, 다양한 화제, 지성, 인간성, 생명력 등 인간적인 측면 상품 지식과 업계 정보 등 전문적인 영업 능력의 측면 고객의 상품 정보와 업계의 지식 등 고객과의 관계를 심화시키는 지식의 측면 으로 나뉘어진다.

단순한 표현

영업사원으로서 갖추어야 할 지식과 노하우는 크게 다음 3가지로 나뉜다.

1. 일반 상식, 다양한 화제, 지성, 인간성, 생명력 등 인간적인 측면

2. 상품 지식과 업계 정보 등 전문적인 영업 능력의 측면

3. 고객의 상품 정보와 업계의 지식 등 관계를 심화시키는 지식의 측면

최대한 오자나 탈자를 줄여라

오자나 탈자를 가볍게 생각해서는 안 된다. 하나의 오자나 탈자가 신뢰에 커다란 영향을 줄 수 있기 때문이다. 아무리 퇴고 경험이 많은 사람이라도 오자에는 당할 재간이 없다. 오자나 탈자 등의 실수를 찾아내어 정확하게 고치는 것을 교정이라고 하고, 내용의 오류나 부족한 부분을 찾아내어 그것을 정정하거나 보충하는 것을 교열이라고 한다. 최소한 초교, 재교, 삼교 등 세 번은 수정해야 한다. 워드 프로그램에서 작성을 마친 후 목차 교정을 통해 오타를 찾아내고 문맥을 수정한다. 숫자의 기재 오류와 계산 오류가 있을 때는 막대한 손해를 끼칠 수 있으므로

더욱더 주의해야 한다. 문장을 눈으로 읽지 말고 소리 내어 읽으면 오자나 탈자를 좀 더 줄일 수 있다.

참고로 컴퓨터 오타 기능에 너무 의존해서는 안 된다. 문서 작성 프로그램의 맞춤법만 믿고 있다가는 오류가 생겨날 가능성이 많다. 프레젠테이션 도중에 오자나 탈자로 인해 수난을 겪는 경우를 종종 볼 수 있다. 특히 제안서의 경우에는 치명적 타격을 주기도 한다. 오자나 탈자는 자칫 경솔함으로 여겨져서 기획서의 신뢰성을 떨어뜨리는 역할을 한다. 비즈니스 문서에서 오류가 적다는 것은 그만큼 신뢰성을 부여해준다.

프린트를 해서 검토 후 전달하라

컴퓨터에서 곧바로 원고를 작성하기보다는 먼저 종이에 쓰고 그것을 다시 컴퓨터로 옮겨서 '미리 보기'와 '수정'을 여러 번 반복한 후 프린트해서 검토하는 것이 제일 좋다. 이렇게 여러 번 수정을 거쳤는데도 프린트해서 보면 오자나 탈자가 나오는 경우가 흔하다. 프린트를 해서 보는 것과 모니터 화면으로 보는 것이 다르다는 말이다. 반드시 프린트해서 검토하는 것을 잊어서는 안 된다.

이메일은 성의껏 작성하고 확인 후 보내야 한다

특히 기획서를 이메일로 보낼 때 유의해야 할 점은 성의껏 작성해야 한다는 것이다. 이메일 제목은 반드시 받는 사람에게 용건을 짐작할 수 있도록 하고, 내용은 핵심이슈를 앞부분에 넣고 볼드나 밑줄을 활용하고 색깔도 넣어준다.

그리고 첨부파일에 대한 언급도 해주어야 자칫 첨부파일이 들어가지 않았을 때 금방 알아차릴 수 있다. 그리고 이메일을 보낼 때는 받는 사람에게 어떤 행동을 촉구하는지 분명하게 할 필요가 있다. 예를 들어 '읽으셨으면 짧은 답장을 부탁드립니다'처럼 메일을 읽었다는 것을 확인할 수 있도록 회신메일을 부탁하는 것도 좋은 방법이다.

또한 중요한 이메일의 경우는 미리보기를 하거나 나에게 먼저 전달하면 이메일을 받을 때의 느낌부터 오탈자 검토까지 할 수 있다. 특히 이미지가 깨져있거나 수신자 이름과 직책 등이 정확한지 다시 한 번 확인해야 한다.

설득을 강화시키는 기획서 문장표현 16가지

글을 잘 쓴다고 문서 작성도 잘하는 것은 아니다. 특히 기획서의 경우 애매모호한 표현을 피하고 이해하기 쉬운 용어로 간결한 문장으로 작성해야 한다. 기획서를 작성할 때에는 다음과 같은 원칙에 꼭 유의해야 한다.

1. 정확한 문장을 사용하라 '대략' '대강' 같은 말은 쓰지 마라. 애매모호한 문장으로 오해를 불러일으킬 필요는 없다. 전달하고자 하는 의미를 정확하게 전달하는 데 목적을 둔다.

2. 의견이 아니라 사실로 설득하라 사실과 의견, 추측과 인용을 명확히 구분하고 주관적인 표현을 피한다.

3. 문장을 짧고 간결하게 작성하라 문맥이 복잡하면 이해도가 낮아진다. 문장은 짧게, 개조식으로 작성한다.

4. 긍정문으로 작성하라 부정형이나 의문형은 이해가 어렵고, 부정적인 인상을 남길 수 있다.

5. 수동태로 쓰지 마라 가능하면 수동태로 쓰지 말고 능동태로 쓰는 것이 좋다. '자아실현 시키기 위해' → '자아실현하기 위해'와 같이 행위 주체를 중심으로 문장을 기술해야 한다.

6. 적절한 경어를 사용하라 읽는 사람들에 맞는 적절한 경어는 상대방에게 호감을 준다.

7. 중복된 어구를 피하라 읽는 사람들에게 중복된 어구를 많이 쓰면 지루해진다.

8. 간결한 표제를 붙여라 문서의 내용을 일목요연하게 파악할 수 있도록 간결한 표제를 붙인다.

9. 한자는 상용한자 내에서 사용하라 일상적으로 사용되지 않는 한자는 피하고 그에 알맞은 말로 대체하여 사용한다. 물론 한자의 오자가 없도록 주의해야 한다.

10. 문장부호를 정확히 사용하라 경우에 따라 달리 쓰이는 문장부호 각각의 사용법을 익혀 적절한 문장부호를 사용하도록 하라.

11. 감정이 들어간 문장을 빼라 읽는 사람들의 기분을 상하게 할 수 있는 문구나 내용을 피하고 완곡하게 바꾸어 쓴다.

12. 내용을 육하원칙에 의해 작성하라 내용을 명확하게 하기 위해서는 육하원칙에 의해 쓴다.

13. 단락을 짧게 나누어라 한 단락이 너무 길면 보기에도 안 좋고 이해도 어렵다. 대개 한 단락은 4~5행이 보기에 적당하다.

14. 인용은 출전을 밝혀라 인용문은 " "등으로 원문을 정확하게 기재하고, 반드시 출전을 밝힌다.

15. 현학적인 문구를 쓰지 마라 문장표현에 되도록 현학적인 기교를 빼고, 상대방이 이해하기 쉬운 표현으로 바꾼다.

16. 명쾌한 확언을 써라 '그래서(원인), 이렇다(결론)' '~이므로(문제), 이렇게 한다(대책)' 등과 같이 세트로 작성한다.

파트 5
프레젠테이션
기본부터 핵심까지

기획서가 완성되었다고 끝난 게 아니다.
"기획안 여기 있어요라고 말하면 상사는 "한마디로 뭔데?
핵심이 뭐야?라고 되묻는다. 기획자는 어쩌고 저쩌고…라고
구구절절 설명을 시작한다. 상사에게 기획안을 통과시키기
위해 어떻게 발표할 것인가? 기획서가 무사히 중간관리자의 손을
거쳐 임원진까지 올라가고 검토하기로 결정이 나면 임원회의에서
프레젠테이션을 해야 하는 것이다. 발표는 기획의 성패를 좌우하는
중요한 기회이다. 기획서를 검토하는 사람들은 기획서만 보는 것이
아니다. 상대방에게 거절되지 않으려면 발표를 어떻게 해야 하는지
알아둬야 한다. 자신감을 갖고 당당하게 설명하려면 사전 연습은
반드시 해야 한다. 상사에게 기획안을 제출하는 것도
프레젠테이션이라는 사실을 잊지 말자.

상대를 위한 맞춤 프레젠테이션

'파고든다는 것'은 곧 반드시 해야 하는 일에만 집중하는 것을 뜻한다.
탁월한 성과는 당신의 초점(focus)을 얼마나 좁힐 수 있느냐와 밀접하게 연결되어 있다.
게리 켈러, 제이 파파산 공저, 《원씽(THE ONE THING)》

상대방을 배려하는 프레젠테이션을 하라

많은 실무자들은 프레젠테이션을 할 때 너무 많은 말을 하거나, 너무 빨리 말을 해서 상대방이 내용을 숙지하기 전에 벌써 다음 페이지로 넘어가 버린다. 자신 위주로 하기 때문이다. 상대방을 배려하지 않는 프레젠테이션은 이미 죽은 커뮤니케이션이다. 상대방을 배려할 줄 아는 사람만이 진정한 프레젠테이션을 할 수 있다. 간혹 실수를 해서 말이 빨라지거나 다른 페이지로 뛰어넘는 경우도 있다. 프레젠테이션의 실수 여부에 너무 집착하지 마라. 만일 실수를 한다면 실수를 인정하고 계속하면 된다. 다시 같은 실수가 반복되지 않도록 마음의 여유를 갖는 것이 중요하다.

인간이 집중할 수 있는 시간은 약 20~30분 정도라고 심리학자들은 말한다. 뛰어난 프레젠터일수록 고객이나 청중들의 심리적인 상황까지 고려한다. 몸과 마음이 체득할 수 있을 때까지 리허설을 반복하여 자신을 훈련시키는 것이 중요하다.

프레젠테이션은 선물을 주는 것이다

당신은 사랑하는 이에게 프러포즈를 하려 한다. 당신은 이 세상에 가장 멋진 선물로 당신의 애인에게 감동을 안겨주고 싶다. 이를 위해 당신은 어떻게 할 것인가? 당연히 어떤 선물이 어울릴지, 포장을 어떻게 할 것인지, 어떻게 배달할 것인지 고민할 것이다. 그리고 유치하지 않고, 로맨틱하며, 기억에 길이 남을 프러포즈를 할지에 대 한 고민을 거듭할 때만이 성공적인 프러포즈가 될 확률이 높아지는 것이다. 결국 당신의 프러포즈가 감동적인지 아닌지의 성공 여부는 바로 얼마나 창의적이었는가에 달려 있다.

이렇게 선물을 한 후 가장 좋은 결과는 선물을 받은 사람의 감동을 이끌어냈을 때이다. '내가 꼭 갖고 싶어 하던 거였어요.' '어떻게 이런 선물을 할 생각을 하셨어요?' 이런 말을 들을 때 가장 성공적인 선물을 한 것이다. 프레젠테이션도 마찬가지이다. 결국 프레젠테이션Presentation이란 '선물Present을 주는 행위'이다. 상대방을 설득하여 어떤 결정을 내리거나 행동을 하도록 만드는 데 선물만큼 큰 위력을 발휘하는 것은 없다.

자신이 정성껏 준비한 프레젠테이션을 통해, 즉 선물을 통해 실무자나 결재권자에게 감동을 이끌어내는 행위가 바로 창의적 프레젠테이션이다. 고정관념에 얽

매이지 않고 참신한 아이디어로 새로운 가치를 창출하는 프레젠테이션이다.

프레젠테이션 3단계

프레젠테이션 능력은 타고나는 것이 아니다. 또한 노력하지 않아도, 전문적인 지식이 없어도, 선천적인 순발력이나 임기응변으로 그냥 그때그때 하면 되는 것이 아니다. 개그맨 같은 말재주, 배우 뺨치는 연기, 성우와 같은 목소리 등을 갖고 있다 하더라도 전달하는 내용 자체가 좋지 않으면 사람들은 등을 돌린다. 하지만 발표자가 어눌하더라도 창의적인 메시지를 갖고 있다면 우리는 그를 주목하게 된다. 물론 태도나 표정, 손짓 발짓 등도 잘하면 좋지만 그것은 프레젠테이션을 하게 되면 자연스럽게 따라오는 패키지와 같다.

TPO 프레젠테이션 할 때 고려해야 할 TPO 전략

Time 발표의 타이밍이 어떤가? 중요성, 긴급성을 따져서 타이밍을 놓치지 않도록 한다.

Place 발표하기 적합한 장소인가? 커피숍이나 사무실 등 어디가 적합한 장소인지를 고려해야 한다.

Occasion 상대방의 상황이 어떤가? 상대방이 경청하기 좋은 상황인지를 파악한다.

한 번에 OK 받는 프레젠테이션의 비결

지식이 많다고 하더라도 프레젠테이션을 못하는 경우가 꽤 있다.

꾸준히 학습하라

우리나라 사람들이 프레젠테이션에 실패하는 이유는 훈련이 되지 않았기 때문이다. 학습學習이란 배우고 익히는 것이다. 프레젠테이션도 마찬가지로 배우기만 해서는 안 되고 익혀야 한다. 미리 각본을 쓰고 익혀야 한다. 완전히 익히면 마치 노래를 자연스럽게 부르듯이 프레젠테이션도 자연스럽게 할 수 있다. 최고의 커뮤니케이션은 물 흐르듯이 말하는 것이다. 청산유수靑山流水라 하지 않았는가. 원고를 달달 외워서 프레젠테이션을 하는 것은 좋지 않다. 도중에 외운 원고를 잊어버리면 당황하여 전체적인 프레젠테이션을 망칠 수 있다.

고객에 맞는 전략을 활용하라

성공적인 프레젠테이션을 꿈꾼다면 목적에 정확하게 맞는 맞춤식 프레젠테이션을 준비해야 한다. 특히 고객들은 정확한 정보에 민감하기 때문에 고객을 설득하려면 고객이 좋아할 만한 정보를 통해 객관적인 근거를 제시해야 한다. 즉, 사전 조사와 정보 숙지 등 철저한 준비 속에서만 강한 자신감이 생기는 것이다.

온몸으로 전달해야 한다

말만 잘한다고 뛰어난 프레젠터가 되는 것은 아니다. 표정에 생기가 없으면 고객들도 반응하지 않는다. 자신이 어떤 표정으로 프레젠테이션을 하는지 비디오를 찍어서 살펴보는 것도 하나의 방법이다. 배우가 온몸으로 연기하듯 프레젠터도 자신의 감정과 청중들이 하나가 되도록 프레젠테이션을 해야 한다. 말과 함께 손 동작이나 청중들에게 질문을 통해 참여할 수 있는 기회를 주어야 한다. 알렉산더 포프Alexander Pope는 "사람을 가르칠 때에는 그 사람이 눈치채지 못하게 가르치 고, 새로운 사실을 제안할 때는 마치 잊어버렸던 것이 생각난 듯이 제안하라"라고 권유한다. 최고의 프레젠터는 자신이 프레젠테이션을 하고 있다는 것 자체도 잊 어버릴 정도로 몰두해야 하는 것이다.

윤 코치의 기획서 실전 TIP

최고의 프레젠터가 되는 5가지 방법

첫째, 고객을 생각하는 '살아있는 커뮤니케이션'을 하라.

둘째, 20~30분 집중시키고 2~3분 완화시키는 시간적 안배를 하라.

셋째, 체득할 수 있을 때까지 리허설을 반복하여 자신을 훈련시켜라.

넷째, 한 번 실수를 인정하고 실패가 되지 않도록 마음에 여유를 가져라.

다섯째, 자신의 감정과 청중의 심리가 하나가 될 수 있도록 온몸으로 프레젠테이션 을 하라.

프레젠테이션 기본부터 핵심까지

우선 프레젠터의 유형을 파악하라

자신을 깨달았을 때 비로소 남의 마음도 이해하게 되는 것이다.

에릭 호퍼

기획서는 목적에 따라 최종 결정권자가 다르기 때문에 기획서를 작성할 때는 각각의 결정권자의 입장에서 이해하기 쉽도록 작성해야 하고, 프레젠테이션을 할 때도 상대방 입장에서 진행해야 한다. 이때 강점과 약점 등 자신의 유형을 알고 있으면 더욱더 설득력을 높일 수 있을 것이다. 프레젠테이션의 승부에서 가장 중요한 역할은 역시 프레젠터이다. 프레젠터는 무엇보다 자신에 대해 정확하게 파악하고 있어야 하며, 우선 남을 이해시키기에 앞서 자신을 이해해야 한다. 프레젠터의 유형은 사실형, 형식형, 감정형, 미래형 등으로 구분할 수 있다. 누구나 각각의 유형에 어느 정도씩 혼재되어 있으며, 그 중에 어느 것이 지배적이냐가 중요하다.

사실형 FACTS	미래형 FUTURE
치밀한 분석, 정직성, 비교	꿈꾸는 비전, 모험, 호기심
대표적 인물 : 워런 버핏	대표적 인물 : 스티브 잡스
형식형 FORM	감정형 FEELINGS
조직적 충성, 성실성, 시간	직접적 소통, 관계 구축, 친밀성
대표적 인물 : 피터 드러커	대표적 인물 : 데일 카네기

사실형 프레젠터 : 워런 버핏

사실형 프레젠터는 어떤 결정을 내리기에 앞서 신중한 태도를 보이는 사람이다. 혼자 집중적으로 파고드는 데 익숙하거나 끊임없이 새로운 생각을 하기 좋아하는 타입으로, 주로 양적인 것보다 질적인 것으로 승부하는 편이다. 따라서 어떤 결정을 내릴 때 모든 상황을 검토하려는 경향이 강해 최종 판단까지 상당한 시간이 걸린다. 자칫하면 성격이 얌전하거나 융통성이 없어 보여 세상 물정에 어두운 사람으로 평가받을 수도 있다. 사실형 프레젠터의 문제점은 상황에 맞지 않는 엉뚱한 방향으로 흐를 수 있다는 것이다. 그동안 프레젠테이션을 잘못했다면 지나친 하나의 방향으로 프레젠테이션을 했을 가능성이 많기 때문에 다른 사람의 프레젠테이션에 관심을 가진다면 프레젠테이션 능력을 더욱더 발휘할 수 있다.

세계적인 투자자로 손꼽히는 워런 버핏의 경우, 뛰어난 화술을 지니지는 않았어도 투자 기업에 대한 깊은 이해와 치밀한 분석으로 다른 투자자나 주주에게 자신의 투자 당위성을 설득력 있게 프레젠테이션 하는 것으로 유명하다. 그가 투자

한 기업이 단기적으로 주가 급락을 보여도 그의 말이나 투자 전략을 전적으로 신뢰하는 시장과 주주들이 있기에 그의 투자 전략은 결국 시장에서 성공하게 된다. 그를 치밀한 분석에 관한 사실형 프레젠터로 볼 수 있다.

형식형 프레젠터 : 피터 드러커

형식형 프레젠터는 늘 계획적이고 주어진 일에 충실히 하는 사람이다. 프레젠테이션을 하더라도 계획표를 세우고 실천하려는 형으로, 불확실성을 매우 싫어하며 지식에 관심을 보이는 타입이다. 따라서 자신의 지식에 몰입하는 경향이 있다. 프레젠테이션에 대해 자신은 정보를 제공하고 나머지는 청중이 알아서 하는 것이라는 생각을 하며, 자신이 습득한 지식에 높은 가치를 부여한다. 형식형 프레젠터의 문제점은 감정이 개입되면 문제를 확산시킨다는 점이다. 감정 악화로 프레젠테이션을 망친 경험이 한두 번쯤은 있을 것이다. 그동안 프레젠테이션을 잘못했다면 프레젠테이션 방식을 몰라서일 가능성이 높기 때문에 프레젠테이션 전략을 새롭게 다시 세우면 한결 높은 성취도를 올릴 수 있다.

현대 경영학의 석학 피터 드러커의 경우, 깊은 이해와 폭넓은 지식으로 주목받는 프레젠터이다. 나이가 무려 100세 가까운 나이까지 자신의 이름을 딴 피터 드러커 경영대학원에서 30년 이상 석좌 교수로 왕성한 활동을 했었다. 그는 현대를 고도의 지식산업사회로 보고, 그 속에서 기업의 본질과 이를 바탕으로 한 경영관리의 방법을 전개하고 있으며, 우리나라에 번역된 책만 해도 ≪자본주의 이후의 사회≫, ≪이노베이터의 조건≫, ≪21세기 지식경영≫ 등 20권이 넘을 정도로 경영지식에 관한 대표적인 형식형 프레젠터이다.

감정형 프레젠터 : 데일 카네기

　감정형 프레젠터는 남을 먼저 배려하는 따뜻한 사람이다. 감정이 풍부하고 마음이 여려서 작은 것에 상처를 잘 받는 편으로, 청중과의 관계를 매우 중요시하기 때문에 청중에게 조심스럽게 다가가는 타입이다. 따라서 다른 사람을 통해 인정받고 싶어 하는 경향이 있다. 프레젠테이션에 대해서 자신이 알고 있는 청중이냐 아니냐에 따라 기복이 있는 편으로, 자신과의 관계에 더 가치를 부여한다. 감정형 프레젠터의 문제점은 처음 보는 사람 앞에서 낯설어하거나 겁을 많이 낼 수 있다는 것이다. 그동안 프레젠테이션을 잘못했다면 프레젠테이션 기법보다 청중들 앞에 서는 두려움 때문일 가능성이 높기 때문에 두려움을 극복하면 자신감 있게 프레젠테이션을 할 수 있다.

　데일 카네기의 경우, 비즈니스 세계에서 인간관계 훈련이 필요하다는 필요성을 깨닫고 인간관계 프로그램을 개발하여 보급했다. 카네기는 15년간의 심혈을 기울인 실험 끝에 인간관계 원리를 ≪카네기 인간관계론≫이라는 책으로 1936년 출판했고, 그 책은 3천만 부 이상이 팔려 출판사상 가장 많이 팔린 책 중 하나가 되었다. 또한 데일 카네기 프로그램은 현재 <포춘>지 선정 500대 기업 중 420개 이상의 기업에서 직원교육용으로 실시하고 있다. 데일 카네기는 인간관계에 관한 대표적인 감정형 프레젠터로 볼 수 있다.

미래형 프레젠터 : 스티브 잡스

미래형 프레젠터는 생각보다 먼저 행동이 앞서는 사람이다. 고정관념을 무너뜨리는 것을 선호하고 모험을 두려워하지 않는 타입으로, 한 곳에 머물지 못하고 부산하게 들락날락거리는 타입이다. 반면에 모험심 있는 사람이라 추진력이 좋다. 따라서 미래형 프레젠터의 큰 장점은 자신감이다. 규칙에 얽매이거나 지시받는 것을 싫어한다. 미래형 프레젠터의 문제점은 남의 의견을 받아들이지 않으며, 독불장군형이 될 수 있다는 점이다. 그동안 프레젠테이션을 잘못했다면 어디로 튈지 모르는 불안한 프레젠테이션을 했을 가능성이 많기 때문에 차분하게 프레젠테이션에 대한 노하우를 잘 접목시키면 한결 안정감 있는 프레젠테이션을 할 수 있다.

스티브 잡스의 경우, 대학교 중퇴 후 창업을 해서 애플을 만들고 아이폰, 아이패드 등 혁신을 이끌어내는 데에 탁월한 능력을 보여주었고, 새로운 제품이 나올 때마다 프레젠테이션을 도맡아서 흥행몰이에 성공했다. 스티브 잡스는 대표적인 미래형 프레젠터로 볼 수 있다.

프레젠테이션의 실패를 방지하는 5가지 전략

"난 아무래도 연설가가 아니야" 라고 말하는 친구들이 있다.
그런 말을 하고 있느니 차라리 한 번 해 보는 게 나을 텐데.
프랭크 맥킨리 허버드

"무슨 얘기하는지 아시겠죠? 종이 보지 말고 저를 보세요."

"제가 말이죠? 유학시절에 무려 5년간 공부했습니다. 여기서 이 주제에 관해서는 저보다 많이 공부한 사람이 있습니까!"

어느 비즈니스 프레젠테이션에서 한 여성 프레젠터는 자신의 유학시절 이야기만 하다가 끝냈다. 그 자리에서 자신의 자랑만 하다간 그 프레젠터를 청중은 어떻게 생각할까? 여러분이 만일 프레젠테이션을 시작하자 갑자기 싸늘해지고 있는 분위기가 느껴진다면 어떻게 할 것인가?

프레젠테이션을 잘하려면 내용도 좋아야 하지만 상대의 관심을 끝까지 잡아두는 게 무척 중요하다. 상대가 지루하다고 느끼는 순간 설득 작업은 물 건너간다.

"준비를 못했습니다." "시간이 촉박해서…." "늦어서 죄송합니다."

핑계는 상대에게 실례를 저지르는 것이다. 단 한 사람의 시간이 아니라 여러 사람에게 민폐를 끼친 것이다.

실패를 방지하는 5가지 전략

프레젠테이션은 상대에게 강의를 하는 것이 아니라 상대의 마음을 움직여야 한다. 프레젠테이션은 일방적인 전달이 아니라 쌍방향 전달이라는 것을 명심하라. 다음은 프레젠테이션에서 하지 말아야 할 실수를 정리해 본 것이다. 특수한 상황만 아니라면 프레젠테이션의 실수를 방지해주는 중요한 아이템이므로 명심해야 한다.

전문용어를 남발하지 말라

청중의 지적 수준을 고려하지 않은 채 전문용어를 남발하면 청중들의 반감을 산다. 때때로 적절한 전문용어의 사용은 정확한 의사전달에 필수적이긴 하지만 전문지식의 기반이 없는 청중에게는 독이 된다. 청중의 지적 수준을 제대로 파악하고 프레젠테이션의 수준을 결정하면 이런 일은 사전에 방지할 수 있다.

관련 없는 통계자료를 언급하지 말라

어렵게 찾은 자료일수록 근사해 보인다. 종종 범하는 실수 중 하나가 근사해 보이는 통계자료를 이것저것 인용하는 것이다. 하지만 프레젠테이션과 직접적인 관련이 없다면 절대 해서는 안 되는 일이다. 잘 된 음식에 코 빠뜨리지 않으려면 관련 없는 것은 과감하게 가지치기해야 한다.

청중을 지루하게 하거나 억지로 웃기려고 하지 말라

지루하게 주입식으로 프레젠테이션을 하면 안 된다. 지루한 것도 문제이지만, 윽박질러서 놀라게 하는 것도 좋지 않다. 강압적인 프레젠터는 자칫 실수라도 하면 그것으로 신뢰성을 상실하기 쉽고, 반대로 청중을 억지로 웃기려고 하다 보면 오히려 썰렁해지는 경우가 태반이다. 청중과 맞는 농담은 유쾌할 수 있지만, 청중과 동떨어지는 농담은 오히려 해가 된다.

청중이 듣거나 말거나 혼자서 떠들지 말라

청중이 적극적으로 참여하는 프레젠테이션일수록 오래 기억된다. 반대로 청중이 듣거나 말거나 혼자서 떠든 프레젠테이션은 기억에 남지 않는다. 프레젠테이션 주제가 어려울수록 중간중간 청중에게 질문을 하면 청중의 호응이 좋다. 프레젠터가 슬라이드를 보고 하는 것보다 슬라이드를 보지 않고 하는 것도 요령이다. 쓰여 있지 않는 내용을 집어넣으면 더욱더 생동감이 들고, 게다가 질문까지 한다면 쌍방향 커뮤니케이션이 된다. 그리고 청중과 화기애애한 분위기를 조성할 수만 있다면 더욱더 좋은 결과를 기대할 수 있다.

오버액션을 남발하지 말라

발표하는 사람이 마치 지하철에서 물건 파는 사람처럼 이리저리 왔다 갔다 하면 프레젠테이션의 격이 떨어져 보일 수도 있다. 몸짓이 지나치게 경박해 보이지 않도록 주의해야 한다. 아울러 '최고' '최대' '최초' '정말' '진짜' '대단히' '굉장히'

등 과장된 수식어를 반복하면 프레젠터의 신뢰성이 흔들리고 내용까지 의심받을 가능성이 많다. 말과 행동은 목적에 걸맞은 범위 내에서 최대한 절제하는 것이 좋다.

정해진 시간을 지켜라

프레젠테이션은 되도록 50분을 넘지 않도록 한다. 중간에 질의응답 등으로 길어져 1시간이 넘을 때에도 가급적 50분 프레젠테이션 후 10분은 쉬자고 제안을 하는 것이 좋다. 사람이 집중하기 좋은 시간이 25분이라고 한다. 50분도 중간에 살짝 쉬어가는 이야기가 있어야 호흡이 좋다. 미리 데드라인을 정하고 그것을 상대방에게 공지하는 것도 좋은 방법이다. 그러기 위해서는 사전 포석이 중요하다. 사전에 "질문은 프레젠테이션이 끝나고 받도록 하겠습니다"라고 선수를 치는 것도 하나의 방법이다. 발표 중간에 질문이 나와서 자신이 준비한 프레젠테이션의 맥이 끊이지 않도록 방지하는 것이 좋다.

10년 차 기획 강의 달인 윤 코치의 프레젠테이션 노하우

1. 연습 없이 실전에 나서지 마라

리허설 없이 하면 아무리 뛰어난 사람도 실수가 많아진다. 연습을 많이 할수록 자신감이 생긴다.

2. 항상 상대방의 입장에서 말을 하라

먼저 상대방의 눈을 보면서 이야기를 꺼내라. 자신이 하는 말의 파장을 기억하라. 상대의 마음을 훔치기 위해서는 상대의 특성을 알아야 하고, 자신이 하는 말 중에 상대방이 못 알아듣는 전문용어나 특수용어가 없는지도 주의해야 한다.

3. 프레젠테이션은 머리가 아니라 몸으로 익혀라

단순한 테크닉에서 벗어나 철저한 스스로의 피드백이 좋은 결과를 만들어낸다. 3분 동안 동영상을 찍고 그 동영상을 보면서 연습하면 더욱더 빠른 시간 내에 좋아진다.

4. 최근 프레젠테이션 도구를 구비하라

영상을 볼 때 소리 조정을 할 수 있는 레이저포인터 등 다양한 프레젠테이션 도구들이 시중에 나와 있다.

프레젠테이션 성공 5가지 전략

입술로 하는 설교보다는 목숨을 걸고 하는 설교라야 잘할 수 있다.

올리버 골드스미스

연습 없이 실전에 나서지 마라

리허설 없이 프레젠테이션을 할 때 쓰디쓴 실패를 맛보는 사람이 많을 것이다. 밤낮없이 준비를 했지만 막상 실전에서 '실수하면 어쩌지' 하는 공포심으로 인해 중요한 프레젠테이션을 망치는 경우도 있다. 필자 역시 초기에는 즉흥적인 프레젠테이션 때문에 지적을 많이 받았다. 프레젠테이션에서는 연습량이 실수를 적게 만든다. 따라서 중요한 프레젠테이션이라면 꼭 리허설을 해야 한다. '그냥 당일에 어떻게 되겠지'가 아니라 '이번만은 리허설을 통해 기필코 실수를 적게 해보자'라는 생각이 중요하다.

리허설을 할 때는 앉아서 원고를 읽지 말아야 한다. 일어서서 원고를 보면서 연습해야 실전에서도 잘할 수 있다. 기복이 생긴다는 것은 철저히 연습을 하지 않았다는 말이다. 프레젠테이션은 재능이 아니라 끊임없는 연습의 결과이다. 프레젠테이션을 잘하기 위해서는 오랜 숙련이 필요하다. 아무리 우수한 프레젠터라도 연습하고 배워야 한다.

충분히 연습한 후에는 '내가 혹시 실수이라도 하면 어떡하지'라는 생각보다는 '내가 멋있게 해서 박수를 받아야지'라는 긍정적인 마인드컨트롤이 중요하다. 마음이 삐뚤어지면 자신도 모르게 구부정하게 웅크려 앉는 자세가 되고, 마음이 긍정적이면 자신도 모르게 등받이에서 약간 앞으로 나와 앉는다고 한다. 어떤 마음자세를 갖느냐가 행동에 변화를 유도하는 것이다.

자신이 확실히 아는 테마를 선택하라

자신의 이야기에서 자신이 겪었던 경험이 묻어나게 프레젠테이션을 해야 한다. 경험하지 않고는 도저히 이야기할 수 없는 것이라면 금상첨화일 것이다. 예를 들면 직장의 어려움을 통해 직무능력을 배웠다든가, 또는 직장 상사나 동료와의 갈등을 통해 자신의 역할을 알게 되었다든가 등 자신에 맞는 테마를 선택해야 한다. 자신이 가장 확실하게 아는 테마를 선택했을 때 자신 있게 할 수 있기 때문이다. 그런데 많은 사람들이 처음부터 자신이 이해하지도 못하는 수치를 붙들고 있으니 당연히 전달력은 떨어진다. 너무 일반론에 치우친 방향보다는 자신의 생각을 솔직하고 담백하게 드러낸 프레젠테이션이 호응을 얻는다는 점을 기억하자.

가장 중요한 것은 메시지의 힘은 자신의 내면에서 나온다는 사실이다. 자신이 발가벗는다는 생각보다는 자신의 경험을 드러내야 한다. 그러나 비즈니스 기획의 경우, 오히려 지나치게 자신을 드러내는 것이 오히려 흉이 될 수도 있다. 따라서 적절하게 자신을 드러내면서 프레젠테이션을 할 때 사람들은 그 사람에게 주목한다. 다른 사람의 말만 계속 인용한다면 아무도 그 사람의 메시지를 주목하지 않는다.

준비되고 내면화된 프레젠테이션은 사람을 움직이게 하는 강력한 힘을 지니게 된다. 이것은 기획서에서 다룬 주제에 대해 깊이 생각하고 준비를 철저히 해야 차별화된 프레젠테이션을 할 수 있다는 말과 같다. 자신이 선택한 주제가 자신과 맞는지 고민하라. 자신의 경험에서 강렬한 인상을 남긴 의미심장한 사건 중심으로 이야기한다면 상대의 흥미를 끌게 될 것이다. 그렇다고 자신의 경험을 구구절절이 이야기하면 상대는 금방 식상해한다. 단순한 나열은 사람들의 호기심을 유발할 수 없다. 그들이 주목하고 있는 분야가 무엇인가에 집중해야 한다. 물론 자신이 모르는 분야에 대해 프레젠테이션을 해야 하는 상황에 놓일 수 있다. 그럴 때에도 자신의 분야와 스타일에 대해 명확하게 파악하고 있다면 좋은 결과가 나올 수 있을 것이다.

프로와 아마추어의 차이는 마음 자세에 있다

프로는 침착하고 자연스러운데 비해, 아마추어는 불안하고 부자연스럽다. 프레젠테이션에서 무엇보다 중요한 것은 자신감confidence이다. 자신감은 훈련을 통해 단련된다. 자신감이라는 것은 무조건 마음만 먹는다고 생기는 것이 아니라 자신

아마추어 vs. 프로

의 노력에 따라 얼마든지 개발될 수 있는 성질의 것이다. 누구나 남들 앞에서 당당하게 프레젠테이션을 하고 싶지만 막상 많은 사람들 앞에 서면 작아지는 자신을 느낀다.

어느 스피치 교육장에서는 청중들 앞에서의 불안감을 해소시키기 위해 버스나 지하철에서 물건을 팔게 하기도 한다. 대중공포를 실제로 부딪치면서 자신감을 회복할 수 있기 때문이다. 자신감을 갖기 위해 필요한 것은 '프레젠테이션 코칭'이다.

'프레젠테이션 코칭'이란 기존 프레젠테이션 컨설팅과 다르게 스스로 문제해결을 위한 답을 찾고 프레젠테이션 향상을 추구하도록 돕는 것을 말한다. 기존의 컨설팅이 직접 문제를 해결해주었다면 코칭은 그 해결책을 스스로 찾을 수 있도록 도와주는 것이다. 프레젠테이션을 자신이 생각하기에 잘한다고 생각되는 사람과 함께 실습하는 과정은 다른 어떠한 프레젠테이션 교육보다 효과가 크다. 그리고 더불어서 거울을 보며 연습하거나 스마트폰으로 촬영하는 방법은 자신을 객관화하는 데 도움이 된다. 실제로 자신이 어떤 모습으로 프레젠테이션을 하는지 꼭 지켜볼 필요가 있다.

3분 동안 직접 피드백을 해봐라

거울 앞에서 3분이라는 정해진 시간에 맞출 수 있도록 직접 자신의 원고를 만들어서 연습해본다. 자신 있는 목소리로 자료를 소리 내어 읽는 연습을 한다. 동영상을 찍어서 스스로 피드백하는 것이 가장 좋다. 자신이 찍힌 동영상 안에 자신의 모습은 어색하고 목소리는 듣기 싫을 수도 있다. 하지만 자주 보다 보면 어떻게 표정을 짓고 어떻게 목소리를 내야 하는지를 알 수 있다.

머리가 아니라 몸으로 익혀라

아무리 완벽하게 준비되어 있더라도 몸에 익히지 않으면 소용없다. 실전에서 실패하면 다 무용지물이 된다. 시간이 촉박하다면 프레젠테이션을 연기하라. 연기가 불가피하다면 리허설할 시간을 어떻게든지 확보해야 한다. 불안감을 줄이고 자신감을 얻는 가장 좋은 방법은 몇 번이고 리허설을 해보는 것이다. 철저한 준비와 연습 없이, 단순히 테크닉만으로 좋은 프레젠테이션이 나올 수 없다. 프레젠테이션을 머리로 배우는 것이 아니라 몸으로 익혀야 하는 것을 잊지 마라.

프레젠테이션 성공 5가지 전략

성공적인 프레젠테이션을 위해서는 눈감고도 할 수 있을 정도로 실전에 강해야 한다. 청중에게 최선을 다한다는 모습은 강한 인상으로 남는다. 확실한 프레젠터가 될 수 있도록 기틀을 마련하는 계기가 되길 바란다.

1. 프레젠테이션 전까지 준비에 최선을 다하라 끝까지 포기하지 말고 프레젠테이션의 성공을 위해 뛰어야 한다.

2. 남 앞에서 반드시 리허설을 하라 원고만 읽어보는 것과 실제로 사람 앞에서 하는 것과의 차이는 크다.

3. 쓸데없는 동작을 제거하라 습관적으로 자신도 모르게 하는 동작을 반드시 제거해야 한다.

4. 말의 속도를 늦춰라 긴장하면 자신도 모르게 말의 속도가 빨라진다.

5. 두 손을 자연스럽게 움직여라 손처리는 청중 설득에 매우 중요한 역할을 한다.

실전에 앞서 마인드컨트롤을 하라

도저히 손댈 수 없는 곤란에 부딪혔다면 과감하게 그 속으로 뛰어들라.
그리하면 불가능하다고 생각했던 일이 가능해진다.
자기의 능력을 완전히 신뢰하고 있으면 반드시 할 수 있다.

데일 카네기

마인드콘트롤이 승패를 가른다

무슨 일이든지 마음먹기 나름이다. 단순히 '금연을 하겠다' '다이어트를 하겠다'보다는 "담배를 끊을 수 있다, 담배를 끊을 수 있다!"라고 외치면서 금연을 하거나, "살이 빠진다, 살이 빠진다!"라고 외치면서 운동을 하면 효과가 더 높다고 한다.

발표를 할 때도 반복적으로 마인드컨트롤하는 것이 좋은 성과를 낼 수 있다. 물을 가지고 실험한 결과를 보면 더욱더 명확해진다. "사랑한다!"라고 반복적으로 말했던 물은 결정체가 좋고, "미워한다!"라고 말했던 물은 결정체가 나쁘다는 결과에서 증명하듯이 문제를 어떤 마음으로 대처하느냐에 따라 달라진다.

마인드컨트롤은 감정통제Emotion-Control에 가깝다. 최근에는 스포츠에서도 '마인드컨트롤'이라는 용어가 널리 쓰이기 시작했다. 프로팀에서는 스포츠 심리학자까지 고용하면서 마인드컨트롤에 열을 올리고 있다. 양궁에서 과녁 정중앙을 맞추는 '퍼펙트골드'나 골프에서 쏙 들어가는 '퍼펙트샷'은 아무나 하는 것이 아니라 마인드 컨트롤을 할 수 있는 사람만이 할 수 있는 것이다. 올림픽에서 우리나라 양궁 대표선수들이 좋은 성적을 얻는 데 기여한 것이 마인드컨트롤 훈련이라는 사실이 보도되면서 일반 대중에게도 널리 알려졌다. 김연아 선수의 경우도 선두 경쟁이 뜨거워질수록 경기를 즐기자고 마인드컨트롤을 했고 그것이 바로 좋은 결과를 내는 원동력이 되었다고 고백했다. 결정적인 승부처는 바로 마인드컨트롤에 있다.

이처럼 많은 스포츠선수들이 마인드컨트롤 훈련 덕에 집중력이 크게 좋아졌다고 말한다. 마인드컨트롤 훈련은 긴장과 이완을 적절히 조절하면서 침착하고 편한 상태에서 시합을 치를 수 있도록 도와준다. 마찬가지로 직장인들 사이에게도 긴장과 이완을 통해 평정심을 찾도록 도와주는 마인드컨트롤이 부각되고 있다. 얼마나 마인드컨트롤을 잘하느냐가 승패에 큰 영향을 미친다는 얘기이다. 마인드컨트롤은 성과를 내는 데 있어 가장 비중이 높은 핵심역량 가운데 하나이다. 성공한 사람과 실패한 사람의 차이는 얼마나 열심히 하는가와 마인드컨트롤에 달렸다고 해도 과언이 아니다.

마인드컨트롤 중에서 제일 중요한 것은 분노를 다스리는 능력이다. 인간의 감정을 동의보감에서는 기쁨, 분노, 슬픔, 생각, 걱정, 놀람, 공포 등의 7가지로 분류하는데, 그중에서 제일 문제가 되는 것이 바로 분노이다. 분노가 건강을 해치기 때문에 분노를 다스리는 마인드컨트롤이 꼭 필요한 것이다. 분노뿐만 아니라 7가지 감정을 적절히 다스리는 마인드컨트롤이 필요하다. 감정이 극에 달하면 일을 그르칠 수 있기 때문에 주의해야 한다. 자신에 대한 분노가 생활 자체를 망치게 하는 경우가 많다. 부정적 생각보다 긍정적 사고를 하라.

무엇인가 보여줘야 한다는 부담을 버려라

사실 프레젠테이션은 무엇인가 보여줘야 한다는 부담이 크다. 하지만 비즈니스 프레젠테이션에서는 보여주는 것보다 이해시키는 것이 중요하다. 비즈니스에서 상대방은 냉철하다. 한 번의 실수도 용서하지 않는다. 웃으면 웃는다고 뭐라고 할 것 같고, 인상을 쓰면 인상을 쓴다고 뭐라고 할 것 같다. 진지하거나 승부가 있는 프레젠테이션은 더욱더 감정을 배제하고 효과적으로 설득·이해를 시켜야 한다. 하지만 말이 쉽지 피 말리는 승부에서 감정을 배제하기란 자신의 살을 베어내는 것만큼 어렵다. 그렇기 때문에 두려운 것이다. 이런 두려움을 없애는 것은 자신감만으로도 잘 안 된다. 두려움 없이 어떻게 하면 프레젠테이션을 잘할 수 있을까? 프레젠터가 지나치게 무엇인가를 보여줘야겠다는 부담감이 오히려 프레젠테이션을 망치는 경우가 많다. 무엇인가를 보여줘야 한다는 것보다 상대방을 이해시키기 위해 무엇을 할 것인가에 초점을 맞춰야 한다.

항상 상대방의 입장에서 말을 하라

프레젠터의 기본 조건은 상대방 입장에서 생각해보고, 자신의 뜻이 제대로 전달될 수 있도록 노력하는 것이다. 따라서 프레젠테이션을 할 때는 상대방이 누구인지를 파악하는 습관을 기른다. 상대방이 어떤 특성을 가지고 있는지 알면 프레젠테이션을 수월하게 할 수 있다. 지피지기 백전불태知彼知己百戰不殆, 즉 상대를 알고 나를 알면 백 번 싸워도 위태롭지 않다는 뜻이다. 짧고 쉽게 전달하기 위해서는 바로 상대방이 자신의 뜻과 의도를 잘 파악할 수 있도록 도와주는 것이다. 자신이 하는 말 중에 상대방이 못 알아듣는 전문용어나 특수용어가 없는지도 주의해야 한다. 상대방이 모르는 전문용어는 자세하게 설명하라.

윤 코치의 기획서 실전 TIP

효과적인 발표를 위한 마인드컨트롤 5가지 방법

자신의 발표실력을 제대로 발휘하기 위해서는 평정심이 중요하다. 힘든 상황의 원인을 '남의 탓'으로 돌리고 주변에 화풀이하는 행동은 문제를 더욱더 악화시키는 지름길이다. 발표실수를 한 적이 있을 때일수록 마인드컨트롤을 통해 효과적인 전략을 세워야 한다. 효과적인 발표를 위한 마인드컨트롤의 5가지 방법을 정리하면 다음과 같다.

1. 우선 자신의 마음 상태를 파악하라 자신이 긴장을 많이 하는 성격이라면 자신의 마음 상태가 어떤 상태인지 정확하게 파악하는 것이 중요하다.

2. 지나치게 집착해 냉정함을 잃지 마라 실수를 했다면 화가 날 것이다. 실수는 빨리 잊고 새롭게 시작해야 한다. 실수를 만회하려다가 아예 실패하는 경우가 많다.

3. 실수를 철저히 분석해서 실패를 하지 마라 인생은 경험의 연속이다. 경험을 통해 배우는 마음가짐을 가져야 한다. 실수를 빨리 잊는 것이 최선의 방법이다. 실수했을 때 그 실수를 철저히 분석해서 똑같은 실수를 반복해서는 안 된다.

4. 상대방과 비교하여 상대방 페이스에 휘말리지 마라 남을 쫓아다니면 마음만 바쁘게 된다. 남들과 비교하거나 남의 페이스에 말려들지 말아야 한다. 자신의 감정을 억제하면서 상대방도 객관적으로 살펴보아야 한다.

5. 자신의 장점과 단점을 분석하라 하기 싫은 일을 하는 것은 고통이다. 자신이 과거에 경험했던 장점과 단점을 적어보고 그것을 분석해보면 자신의 발표를 객관화하는 데 도움이 된다.

성공적인 프레젠테이션을 위하여

따분한 인간이 되는 비결은
하나에서 열까지 빼놓지 않고 모든 것을 이야기하는 것이다.
볼테르

한 편의 영화가 많은 사람에게 잔잔한 감동을 주듯 프레젠테이션도 잔잔한 감동을 주어야 한다. 좋은 영화는 좋은 스토리와 아름다운 영상 이미지, 뛰어난 배우의 연기가 서로 조화를 이룰 때 비로소 탄생된다. 기획서도 마찬가지다. 간결하고 명확한 콘텐츠, 보다 쉽게 이해를 돕기 위한 비주얼 자료, 설득력 있는 프레젠테이션이 조화를 이룰 때 고객은 감동한다. 어떠한 상황에서도 '우둔한 고객'이란 있을 수 없다. 커뮤니케이션에 문제가 생겼다면 고객의 잘못으로 돌릴 것이 아니라 바로 프레젠테이션이 잘못되어서 전달되지 못했다고 생각해야 한다.

먼저 보여주고 말하라

청각보다 시각이 이해가 빠르기 때문에 먼저 보여주고 말하는 것이 좋다. 일방적인 자료 제시보다는 청중과 함께하는 프레젠테이션이 더 의미가 있다. 설득의 효과를 높이기 위해 자료를 먼저 보여주고 설득할 수도 있고, 기대감을 높이고 나서 질문과 함께 비주얼 자료를 제시할 수도 있다. 엄밀히 말하면 가장 좋은 방법은 시각과 청각이 동시적으로 전달되는 것이다. 먼저 보여준 내용을 다 전달할 때쯤 기존의 자료 화면에서는 지워져야 한다. 그렇지 않으면 프레젠테이션의 동시성이 깨지게 된다. 맥이 끊어지지 않도록 프레젠터의 목소리와 비주얼 자료 제시가 하나로 통합되고, 설득력을 가질 수 있도록 동시성을 갖고 제시하는 것이 무엇보다 중요하다.

질문자의 말에 경청하라

질문자의 말을 놓쳐서 되묻는 경우가 많은데, 이 경우 핀잔을 받거나 웃음거리가 될 수도 있다. 길게 진행되는 프레젠테이션일수록 방대한 내용을 다 머릿속에 담아놓기는 힘들다. 쏟아져 나오는 질문에 유연하고 적절한 대답을 하는 것은 거의 불가능해 보일지도 모른다. 하지만 그동안 누구보다 철저하게 준비하고, 가장 오랜 시간 고민하고, 가장 많은 것을 알고 있는 사람은 프레젠터이다.

기껏 기획서 작성을 잘해놓고도 질문에는 꿀 먹은 벙어리가 되어 그야말로 분위기 썰렁하게 끝나는 안타까운 광경을 가끔 목격한다. 어떤 사람은 아예 전혀 상관없는 답변을 늘어놓는 경우도 있다. 그럴 때는 차라리 모르겠으니 나중에 알려주겠다고 솔직히 답변하는 것도 한 방법이다. 프레젠터는 질문을 받을 때 질문의 의미를 정확히 꿰뚫어야 하고, 답변을 할 때는 반드시 생각을 정리한 다음 말해야 한다. 종종 필기도구를 준비하는 않은 프레젠터를 보곤 하는데 잘못된 것이다. 프레젠터는 질문과 답변 시에 요지를 간단히 메모해 두는 것이 자신을 위해서도 좋고, 청중들은 청중들대로 그런 모습을 보면서 자신의 질문을 경청하고 있다는 좋은 느낌을 받는다.

인간적으로 다가가라

평범한 이야기라도 인간미가 있는 이야기를 하면 훨씬 호소력이 있다. 장황한 이야기를 요점으로 줄이고, 그 요점을 구체적인 실례로 설명하는 것이 좋은 방법이다. 가장 좋지 않은 프레젠테이션은 청중을 비인간적으로 대하는 것이다. 그것은 자기중심적인 태도를 보여주기 때문이다. 인간적으로 다가서는 방법은 실례를 많이 드는 것이다. 익명을 사용해서 이야기하지 말고, 이름을 사용하여 이야기를 인간화하는 것이다.

<춘향전>이 오랫동안 기억에 남는 것은 이름처럼 이야기에 현실감을 더하는 것은 없기 때문이다. 반대로 익명처럼 비현실적인 것도 없다. 주인공의 이름이 없는 소설을 상상해보라. 예를 들면 '아씨'라고 하지 말고 '춘향이'라고 구체적으로 말하는 것이다. 인간관계를 맺을 때도 이름을 불러주면 큰 의미가 있다. 상대방의 이름을 불러주면서 인간적으로 다가가는 것이 제일 신뢰감을 준다.

궁금증을 일으키는 질문을 던져라

질문은 궁금증을 일으키는 것을 던지는 것이 좋다. 질문을 하면서 여러 사람에게 손을 들도록 유도하라. "이 그림이 무엇인지 아십니까?"라고 질문하면서 손을 들도록 하는 테크닉은 청중의 적극적인 참여를 유도한다. 이러한 방법을 잘 활용하면 프레젠터의 이야기는 더 이상 일방통행식이 아니라 청중과 함께하는 것이 된다. 지금의 프레젠테이션은 청중이 알아서 듣기를 바라는 것이 아니라 청중을 얼마만큼 쉽게 이해시키는가가 중요하다. 프레젠테이션을 할 때도 무엇보다 중요한 것은 청중의 의중을 이끌어내는 질문이다.

가볍게 시작하고, 강하게 끝내라

승부는 오프닝과 클로징에서 결정이 난다. 어떻게 시작하고 어떻게 끝내는가가 핵심 포인트다. 처음 시작할 때는 누구나 긴장감을 감출 수 없기 때문에 프레젠테이션은 초반에 어떻게 주목을 모으는가가 매우 중요하다. 경쟁 입찰에서는 일렬로 앉아 입술에 침을 발라가며 발표 자료를 들여다보고 또 들여다보는 광경을 심심찮게 볼 수 있다. 초조함이 극에 달해 있는 경우이다. 이때 성급히 청중의 마음을 사로잡겠다고 덤벼들다가는 오히려 낭패를 보기 쉽다. 우선 청중과의 어색함을 깨는 '아이스 브레이킹ice-breaking'이 필요하다. 오프닝은 최대한 가볍고 부드럽게 시작해야 한다. 프레젠터는 최소한 10분 전에는 도착해서 준비하고 있어야 한다. 세팅업setting-up 시간을 지키면 프레젠테이션은 한결 부드러워진다. 많은 프레젠터들이 청중들의 관심을 집중시키기 위해 오프닝에서 유머를 사용하는데, 이때 처음부터 남을 빈정거리는 식의 유머는 거부감과 반발심만 유발하므로 금물이다. 가장 좋은 유머는 청중들의 신경을 거스르는 내용보다는 가볍고 부담 없는 일화다. 다음은 케네디 대통령 취임 연설에서의 오프닝 멘트가다.

"우리는 오늘 한 정당의 승리를 축하하는 것이 아니라 자유를, 즉 개막과 아울러 폐막을 상징하고 변화와 더불어 쇄신을 의미하는 자유를 축하하는 것입니다. 왜냐하면 우리의 선조들이 근 175년 전에 규정했던 것과 똑같은 신성한 선서를 제가 여러분과 전능하신 하나님 앞에서 했기 때문입니다. 이제 세계는 많이 달라졌습니다. 그것은 인간이 모든 형태의 빈곤과 모든 형태의 삶을 파괴할 수 있는 힘을 자신의 손안에 쥐고 있기 때문입니다."

케네디 대통령처럼 '나'보다 '우리'라는 말을 쓰라. 그리고 결론을 짓고, '왜냐하면'이라고 부연설명을 하라. 훨씬 논리적인 프레젠테이션이 될 수 있다. 반면 클로징 멘트는 프레젠테이션의 요지를 말하는 것이다. 이때는 지금까지의 내용을 요약하고 완결성을 주어야 하므로 간단명료하고 강력한 메시지를 짜임새 있게 작성해야 한다. 오프닝 멘트와 마찬가지로 클로징 멘트도 가능하면 암기하여 멋진 인상을 남겨야 한다. 클로징이 점점 늘어지거나 너무 맹숭맹숭하면 곤란하다. 청유형으로 짜임새 있게 준비된 강력하고 멋진 메시지는 상당히 오랜 여운을 남긴다. 클로징 멘트를 '마지막으로'라고 시작하면 사람들이 주목할 수 있다.

물건을 팔지 말고 경험을 팔아라

기획서를 채택하도록 하려면 상대방에게 좋은 경험을 주어야 한다. 물건을 파는 것이 아니라 경험을 팔아야 한다. 대량생산 시대에 고객은 더 이상 합리적이고 이성적으로 품질을 꼼꼼히 따져서 상품을 구매하지 않는다. 훌륭한 기획서는 그들을 감동시키는 브랜드를 만들어내야 한다는 것이다. 예를 들면 오토바이 회사인 할리 데이비슨은 단순히 오토바이만을 팔지 않고 '반항적인 라이프스타일'이라는 경험을 판다. 경험은 하나의 환상적인 스토리이며 고객이 그 상품을 떠올렸을 때의 이미지다.

부록
1. 기획서 작성의 10계명
2. 기획·마케팅 용어 사전

APPENDIX 1

기획서 작성의 10계명

출처 : 웰던투 홈페이지 www.welldone.to

빽빽하게 채우기보다는 여백미를 고려하라

아무리 좋은 글이라도 가독성이 떨어지면 불쾌감을 안겨준다. 페이지 상하좌우 여백이 너무 없으면 나중에 메모를 하거나 스프링, 철 등을 할 때 불편할 수 있다. 문자로 빽빽하게 채워진 슬라이드보다 깔끔하게 정돈되고 여백도 충분히 있는 슬라이드가 좋은 인상을 남긴다. 동양화의 여백은 들어내지 않을 때 더욱더 돋보인다는 것을 기억하라.

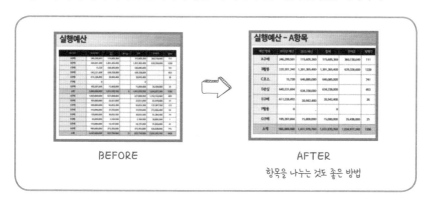

BEFORE   AFTER

항목을 나누는 것도 좋은 방법

기획서는 디테일보다 키워드로 요약하라

기획서에서 자주 보이는 실수는 상세한 자료만 제시하고 요약이 없는 경우이다. 결과만 제시한다고 상대방이 알았을 것이라고 지레짐작하는 것이다. 전문가들은 인터넷의 발달로 조사자료가 많은데 비해 그에 대한 정리가 약한 것을 지적한다. 무엇보다 중요한 것은 키워드 요약이다.

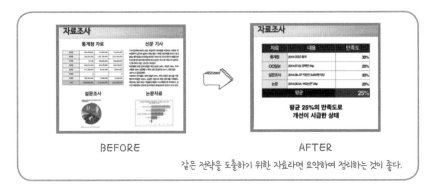

같은 전략을 도출하기 위한 자료라면 요약하여 정리하는 것이 좋다.

포인트를 3가지로 정리하라

기획서를 보는 상대방이 기억하기 쉽도록 해줄 필요가 있다. 맥킨지에서 매직 넘버는 3이다. 어떤 일이든지 3가지로 정리하는 것이 고객을 마술처럼 설득시킬 수 있다는 것이다. 인간의 기억은 한계가 있으므로 한 번에 기억할 수 있는 것이 3가지이다.

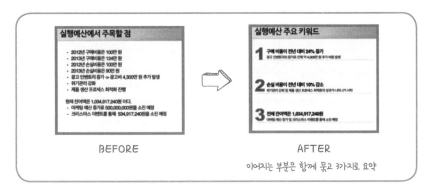

이어지는 부분은 함께 묶고 3가지로 요약

명확히 이해할 수 있는 흐름을 보여줘라

고객을 이해시키기 위해서는 기획서 전체가 어떤 흐름으로 되어 있는지 보여줘야 한다. 어떤 절차로 진행되는지를 명확하게 해주는 것 이 바로 화살표이다. 화살표를 사용할 때 유의해야 할 점은 좌측에서 우측으로 또는 위에서 아래로의 방향이 일반적이고, 반대로 사용할 경우는 의미를 분명하게 해야 한다. 특히 굵은 화살표를 사용하는 것이 좋다.

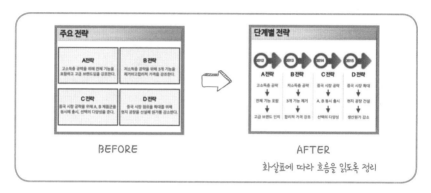

BEFORE

AFTER

화살표에 따라 흐름을 읽도록 정리

딱딱한 문장만이 아니라 비주얼로 차별화하라

제안의 내용을 자신은 잘 알고 있지만 상대방은 그렇지 않을 수 있다는 것을 유념해야 한다. 기획서는 서술식보다 개조식으로 쓰는 것이 이해가 빠르다. 딱딱한 문장으로만 표현하는 것보다는 이해하기 쉽도록 비주얼을 쓰는 것이 현명하다.

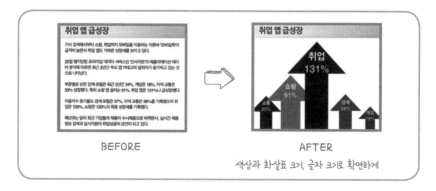

BEFORE

AFTER

색상과 화살표 크기, 글자 크기로 확연하게

특색 없는 이미지보다 실제 사진을 사용하라

기획서는 일반적으로 일러스트레이션보다 사진을 쓰는 편이 좋다. 신문의 사진, 주간지의 사진 등을 평상시부터 스크랩하라. 사회현상이나 성장산업 등의 뉴스 기사도 오려내어 보관해 두었다가 필요할 때 사용하면 그 현상 자체가 현실인 만큼 설득력이 있다.

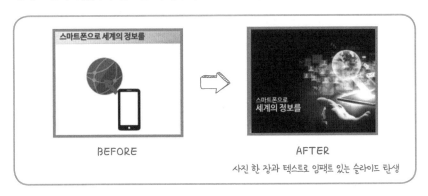

사진 한 장과 텍스트로 임팩트 있는 슬라이드 탄생

고객이 이해하기 쉽도록 비교법을 사용하라

사람을 이해시키는 가장 좋은 방법 중 하나가 비교법이다. 수치적인 정보, 특히 비율이나 증가·감소 등을 설명하는 경우에는 고객이 이해하기 쉽도록 가능한 도표나 그래프화해서 비교하는 것이 좋다. 그래프에도 여러 종류가 있으므로 어떤 그래프가 가장 설명하기 쉬운 것인가를 항상 고려해야 한다.

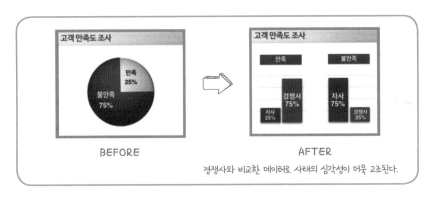

경쟁사와 비교한 데이터로 사태의 심각성이 더욱 고조된다.

수치보다 그래프로 표현하는 방법을 연구하라

좌뇌보다 우뇌가 빠르다. 이성적인 것보다 감성적인 것이 판단을 하게 만드는 것이다. 수치가 많은 자료를 설명할 때는 그래프로 바꿀 수 있을지 생각해본다. 그래프로 표현할 때 수치만 제시하는 경우에는 상대방이 이해하기 힘드니 주의하는 것이 좋다. 도형이나 그림을 사용하여 표현하는 방법을 연구하라.

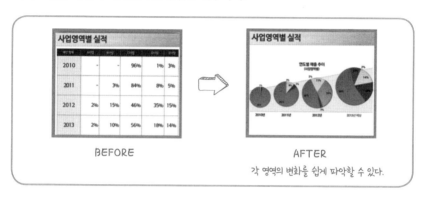

복잡하지 않도록 이미지를 통일하라

기획서에서 가장 주의해야 할 점이 난잡함이다. 각 포인트에 대해서 다양하게 고안하여 작성했더라도 전체적으로 봤을 때, 통일된 이미지로 만들어져 있지 않다면 효과는 반감되어 버린다. 전체적인 레이아웃을 잡아서 서체의 종류와 글자 크기까지 통일감을 주면 더욱더 신뢰감을 줄 수 있다. 기획서를 훑어보았을 때, 전체가 유기적이면 신뢰감이 간다.

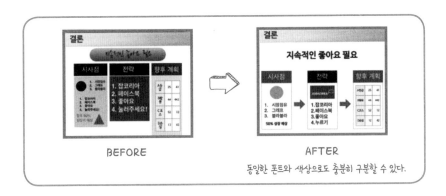

BEFORE

AFTER

동일한 폰트와 색상으로도 충분히 구분할 수 있다.

상대의 꿈을 실현하는 제안을 하라

기획의 목표는 고객의 꿈을 실현시키는 것이다. 따라서 기획서에는 상대방을 끌어당길 만한 것이 담겨 있어야 한다. 얼마나 이익을 얻느냐도 중요한 문제이지만, 그 이전에 상대방의 동기를 유발시키는 기획서를 작성하는 게 더 중요하다. 그렇다고 뜬구름 잡는 기획이 아니라 구체적인 동기를 갖도록 유발시키는 것이 기획서의 역할이다. 기획안을 만들기 전에 반드시 상대방이 원하는 바가 무엇인지를 메모하는 습관이 필요하다.

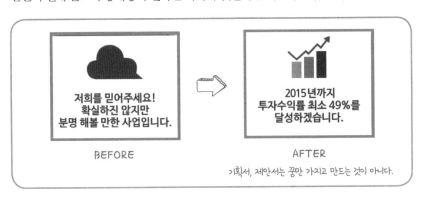

BEFORE

AFTER

기획서, 제안서는 꿈만 가지고 만드는 것이 아니다.

기획·마케팅 용어 사전

AD(Advertising)　광고란 돈을 지불하고 인적매체가 아닌 다른 매체를 통해 기업 또는 제품과 서비스의 정보를 알리는 형태의 의사소통수단이다.

AD(ADvertising) Package　광고 패키지란 광고주의 목적에 맞는 광고상품을 묶음단위로 판매하는 것을 말한다.

Advertorial AD　기사형 광고는 기사의 형태를 모방하여 기사내용과 광고가 혼합되도록 고안한 광고이다.

AE(Account Executive)　AE는 광고회사나 홍보대행사의 직원으로서 고객사와의 커뮤니케이션을 담당하는 한편, 고객사의 광고계획이나 홍보계획을 수립하고 광고나 홍보활동을 지휘하는 사을 말한다.

Affiliate Marketing　제휴마케팅은 웹 비즈니스 촉진기법의 하나로서, 웹사이트 발행자가 그의 노력에 의해 파트너의 웹사이트에 새롭게 방문자·회원·고객, 매출을 발생시키면 그 웹사이트 발행자는 소정의 보상을 받는 식의 마케팅 기법을 말한다.

After Marketing　애프터 마케팅은 고객이 제품을 구입하도록 만드는 과정을 넘어 그 후까지 고객의 심리를 관리하고 고객에게 제품에 대한 확신을 심어주는 마케팅 전략이다.

AIDA(Attention Interest Desire Action)　AIDA는 인간이 행동을 일으키기까지는 주의 attention하고, 흥미interest를 갖고, 욕망desire을 느끼고 그리고 행동action을 한다는 커뮤니케이션의 기초이론 중의 하나이다.

Appeal　어필이란 소비자나 타깃에게 호소해서 상품을 구매하게 하거나 애호심을 갖게 하는 힘을 말한다.

Appeal Point　어필 포인트란 우리말로는 소구점으로, 광고나 이벤트에서 상품이나 서비스의 특질 중 소비자에게 가장 전달하고 싶은 특징을 말한다.

Area　에리어는 지역, 계획의 대상 지역을 말한다.

Banner　배너란 인터넷에서 주로 이용되는, 그래픽 이미지 형태의 광고이다.

Benchmarking　벤치마킹이란 자신이 새로운 사업을 시작하거나 변경할 때 다른 곳의 잘되고 있는 부분을 분석하여, 내게 맞도록 재편성하여 적용하는 것을 말한다.

Benefit　베네핏은 이익을 의미한다.

BI(Brand Identity)　BI는 브랜드의 이미지를 전략적으로 기획하고 구상하는 것을 말한다.

Black Consumer　블랙 컨슈머란 악성을 뜻하는 블랙black과 소비자를 뜻하는 컨슈머consumer의 합성어로, 악성민원을 고의적·상습적으로 제기하는 소비자를 뜻하는 말이다.

Black Swan　블랙스완이란 경제영역에서는 '발생가능성에 대한 예측이 거의 불가능하지만 일단 발생하면 엄청난 충격과 파장을 가져오고 발생 후에야 적절한 설명을 시도해 설명과 예견이 가능해지는 사건'을 뜻한다.

Blogosphere　블로그 스피어란 블로그를 통해 커뮤니티나 소셜네트워크처럼 서로 연결되어 있는 모든 블로그들의 집합을 말한다.

Blue Ocean　블루오션이란 현재 존재하지 않거나 알려져 있지 않아 경쟁자가 없는 유망한 시장을 가리킨다. 김위찬 교수의 블루오션전략에서 유래했다. 이와 반대로 이미 잘 알려져 있어 경쟁이 매우 치열한 시장은 레드오션red ocean이라고 한다.

Booth　부스란 박람회·전시회에서 설치하는 관람을 위한 작은 방을 말한다.

Brand　브랜드란 특정 판매업자의 제품이나 서비스를 다른 판매업자들로부터 식별하고 차별화시키기 위해 사용되는 명칭, 말, 상징, 기호, 디자인, 로고와 이들의 결합체를 말한다.

Brand Loyalty　브랜드 충성도란 특정의 브랜드를 애용하고 선호하는 소비자의 심리를 말하며, 일정한 기간 동안 일관된 구매를 하는 긍정적 브랜드 태도와 브랜드에 대한 집착 정도를 나타낸다.

Brand Recognition Level　브랜드 인지도란 소비자가 기업이 판매 혹은 제공하는 상표명에 관해 기억 혹은 구별하는 정도를 말한다.

BtoB(Business to Business, B2B)　BtoB는 기업 간 거래를 말하는 용어로, 예를 들면 사업 대상이 기업과 기업 사이에 이루어지는 거래를 말한다.

BtoC(Business to Consumer, B2C)　기업 간의 전자상거래가 BtoB라면, 기업과 개인소비자 간의 거래를 BtoC라고 한다. 전자상거래·온라인쇼핑 등이 대표적인 예이다.

Budget   예산은 이벤트 진행에 필요한 자금을 계산하는 일이다.

Budgeting   예산관리란 기업의 장기적인 계수적 계획으로 장기목표 설정에 있어서 객관적 자료 중 수리적 접근의 한 방법으로 최고경영자가 목표 설정에 있어 주요 지표로 사용되는 항목이다.

Burn Out   번 아웃이란 광고 집중도가 높아지면 광고빈도 또한 비례적으로 증가되어 소비자들이 광고에 싫증을 내거나 무관심해지는 현상을 말한다.

Carry Over Effect   이월효과는 광고가 끝난 다음에도 광고효과가 즉시 소멸되지 않는 현상을 말한다.

Category Killer   카테고리 킬러란 기존의 종합소매점에서 취급하는 상품 가운데 한 계열의 품목군을 선택, 그 상품만큼은 다른 업체와 비교할 수 없을 정도로 다양하고 풍부한 상품구색을 갖추고 저가로 판매하는 전문업체이다.

Cause Related Marketing   대의명분 마케팅이란 기업 혹은 사회단체가 기업의 이익금 또는 금융자산 또는 보유인력·시설·장비 등을 활용해 사회복지활동을 전개하고, 이를 통해 기업의 이미지 제고, 고객충성도 향상 등의 효과를 얻는 마케팅 활동을 의미한다.

Character   캐릭터란 일반적으로 많은 사람들에게 잘 알려진 특정한 개성을 가진 인기 있는 인물·동물·심벌을 가리키는 것으로, 예를 들어 TV프로그램에 등장하는 중심적인 인물이나 동물 또는 특정의 심벌을 들 수 있다.

Cherry Picker   체리 피커란 기업의 서비스 체계와 유통구조 등의 허점을 찾아내 상품 구매나 서비스 이용은 하지 않으면서 자신의 실속만 챙기는 '똑똑해진 소비자'를 빗대어 표현한다.

CI(Corporate Identity) CI는 '기업 이미지에 관한 종합적인 전략'이라는 의미로 기업에서 발신하는 모든 정보를 총괄적으로 컨트롤해서 소비자에게 잠재적인 이미지를 확고히 심어, 기업의 이해를 촉진하고 소비자 구매시에 정착된 이미지가 발휘되어 자사 제품의 구매로 연결되도록 하는 전략이다.

Client 클라이언트는 거래처, 고객을 말한다.

CMS(Contents Management System) CMS란 웹사이트의 콘텐츠 관리시스템 또는 솔루션을 말한다. 특히 콘텐츠가 많은 사이트의 경우 관리자가 쉽게 콘텐츠의 메뉴 추가·삭제·기획서 재편집 등을 쉽게 처리할 수 있도록 하는 것을 말한다.

Communication 커뮤니케이션이란 언어·행위·문자·도형 등의 매개로 사람과 사람 사이에 서로 의지·감정·사고·정보 등을 전달하는 것이다.

Concept 콘셉트는 개념·광고를 의미하며, 마케팅에서는 기본이 되는 사고 혹은 주제를 의미한다.

Coverage 커버리지는 특정 기간에 적어도 한 번 이상 광고매체에 의해 노출된 사람의 숫자를 말한다.

CRM(Customer Relationship Management) CRM은 고객과 관련된 관계에 따른 고객 관리를 하는 것을 말한다. 기존의 대중마케팅과는 상반되는 내용으로 고객의 정보를 중심으로 고객을 적극적으로 관리하여 고객의 가치를 극대화하는 마케팅 이론으로, 이런 마케팅 방법을 계획·지원·평가하는 솔루션을 말한다.

CSM(Customer Satisfaction Management) 고객만족경영이란 고객의 심적사고를 바탕으로 모든 경영활동을 전개해 나가는 새로운 경영조류이다. 참고로 고객만족CS이란 고객이 제품 또는 서비스에 대해 원하는 것을 기대 이상으로 충족시켜 감동시킴으로써 고객의 재구매율을 높이고,

그 제품 또는 서비스에 대한 선호도가 지속되도록 하는 상태를 말한다.

CtoC(Consumer to Customer)　CtoC는 인터넷이 활성화되면서 일반 소비자들 사이의 거래를 연결시켜 주는 것이다. 경매사이트 등이 CtoC의 대표적인 사이트가다.

Culture Marketing　문화마케팅이란 영화·공연·게임 등의 콘텐츠를 활용하여 자사의 브랜드를 자연스럽고 우호적으로 노출시키려는 마케팅 방법이다.

DataBase Marketing　데이터베이스 마케팅이란 고객에 관한 데이터베이스를 구축하여 필요한 고객들에게 필요한 제품을 직접 판매하는 것으로, 원투원one-to-one 마케팅이라고도 한다.

Day Marketing　데이 마케팅은 기념일에 뜻을 담은 선물이나 행사로 수요를 창출하는 마케팅 기법이다.

Demarketing　디마케팅이란 기업들이 자사 상품을 판매하기보다는 오히려 고객의 구매를 의도적으로 줄임으로써 적절한 수요를 창출하는 마케팅 전략이다.

Digital Marketing　디지털 마케팅이란 기존 마케팅 활동에서 장해요인으로 작용했던 시간·공간의 장벽이 허물어지고 기업과 고객이 상호 연결되어 가치를 만들어가는 통합형 네트워크 마케팅을 말한다.

Direct Marketing　다이렉트 마케팅은 생산자 → 도매상 → 소매상의 순서를 따르지 않고 직접 고객으로부터 주문을 받아 판매하는 것을 말한다.

DM(Direct Mail)　직접우편이란 전단·견본 등을 우편DM을 통해 불특정 고객이나 예상 고객들에게 보내고 그들의 주문에 의해 판매되는 방식을 말한다.

Effective Frequency　효율적 노출빈도는 광고가 가장 효율적으로 메시지를 전달되는 횟수를 말한다.

Effective Reach　유효도달률은 효율적인 광고빈도에 이른 방문자 수를 말한다.

Emotional Appeal　감성적 소구점이라고 하며, 소비자들의 마음을 움직이기 위한 광고메시지의 한 유형으로 소비자들의 특별한 감정에 호소하는 방법이다.

Emotional Marketing　감성마케팅이란 향기, 맛, 기분, 정서, 음악, 색깔, 디자인, 이미지 등을 활용하여 소비자의 마음을 자극해 판매를 촉진시키는 마케팅이다.

Experiential Marketing　체험마케팅은 고객에 관한 데이터베이스를 구축하여 필요한 고객에게 필요한 제품을 직접 판매하는 것이다.

Flow Chart　플로우 차트란 프로그램이나 어떤 논리적인 흐름을 도식화하여 표현하는 기법을 말한다.

Flow Planning　동선계획이란 이벤트가 진행되는 공간에서 참가자Target, 출연자, 스태프Staff, 시스템, 기타 구성요소 등이 최고의 효율로 움직이는 거리 또는 그 움직이는 자취를 나타내는 가상의 선線을 수립하는 계획을 말한다.

Green Marketing　그린 마케팅은 고객의 욕구나 수요 충족뿐만 아니라 환경보전, 생태계 균형 등을 중시하는 마케팅 전략이다.

GUI(Graphic User Interface)　그래픽 사용자 인터페이스라는 뜻으로, GUI는 컴퓨터의 그래픽 기능을 이용하여 프로그램을 사용하기 쉽게 만들어주는 것을 말한다. 잘 디자인된 GUI는 사용자가 복잡한 명령어들을 배울 필요가 없도록 도와주며, 다른 한편으로 많은 사용자들이 명령어 기반의 인터페이스를 이용할 때 보다 효율적으로 작업할 수 있다.

Hypertext   하이퍼텍스트란 링크를 통해 다른 문서를 검색 또는 표현하게 만드는 모든 텍스트를 말한다.

Image   이미지란 사전적인 의미로는 어떤 사물이나 사람에게서 받는 인상이다. 이미지를 형성하는 것을 이미징imaging이라고 하며, 최근에는 기업이나 상품에 대한 좋은 인상을 만들어내기 위한 기업활동에 이용된다.

IMC(Integrated Marketing Communication)   통합적 마케팅 커뮤니케이션이란 활용 가능한 매체의 기회와 장점을 상호보완적으로 극대화시켜 체계화·조직화하는 것을 의미한다. 즉, 소비자와의 접촉을 극대화시키는 커뮤니케이션 수단이다.

Imperial Marketing   임페리얼 마케팅은 가격파괴와 정반대의 개념으로, 높은 가격과 좋은 품질로써 소비자를 공략하는 판매기법이다.

Inserttion Order   광고를 집행하기 전 광고를 집행하고자 하는 광고주나 대행사에서 작성하는 광고 전반에 관한 내용이 수록된 게재 신청서를 말하며, 만약에 발생될 수 있는 법적인 분쟁시 증빙서류로 활용될 수도 있다.

KJ법   문화인류학자 카와기다 지로가 네팔 탐험을 통해 창안한 창조성 함양훈련의 일종으로, 브레인스토밍과 함께 가장 많이 쓰이는 발상회의 진행법, 문제정리, 발견에 유효한 기법이다. KJ는 창안자 카와기다 지로의 영문머리글자다.

KMS(Knowledge Management System)   KMS는 지식관리시스템으로 불리고 있으며, 조직 내의 인력들 각자가 독자적으로 축적해온 지식을 체계적으로 공유함으로써 기업경쟁력을 향상시키기 위한 기업정보시스템을 말한다.

Layout　레이아웃이란 편집·인쇄 등에서 사진·문자·그림·기호 등 구성요소를 지면에 효과적으로 배열하는 것을 말한다.

Life Style　라이프스타일은 환경과 상호작용하여 살아가는 나름대로의 독특한 생활양식 및 행동방식을 말한다.

Market Share　마켓셰어란 시장점유율이라고 하며, 특정 제조업자 또는 판매업자의 제품 매출액이 산업 전체의 매출액에서 차지하는 비율을 말한다. M/S로 표현하기도 한다.

Marketing　마케팅이란 기업이 경쟁하에서 생존과 성장 목적을 달성하기 위해 소비자를 만족시키는 제품, 가격, 유통, 촉진활동을 계획하고 실행하는 모든 관리과정을 말한다.

Marketing Mix　마케팅 믹스란 기업이 마케팅 목표에 따라 설정한 시장표적에 마케팅 활동을 집중시키기 위해 사용하는 모든 투입변수 등을 해당 기업의 환경과 상황에 맞게, 그리고 마케팅 효과가 최대화되도록 배합하는 마케팅 전략이다.

Marketing Research　시장조사는 상품과 서비스의 마케팅에 관한 모든 문제의 해명에 필요한 자료를 조직적으로 수집·기록·분석하는 행동이다.

Mass Marketing　대량마케팅이란 불특정 다수를 대상으로 상품을 선전하거나 판매를 촉진하는 행위이다.

Media　미디어는 신문, 잡지, 라디오, 텔레비전 등의 매체를 일컫는다.

Media Mix　미디어 믹스는 여러 매체의 유형을 분석하여, 광고주 상황에 맞춰 다수의 매체를 조합하여 효과를 극대화할 수 있는 매체안을 만드는 작업을 말한다.

Medici Effect　메디치효과란 서로 관련이 없는 것들의 결합을 통해 뛰어난 작품을 만들어내거나 아이디어를 창출해내는 것을 말한다.

Merchandising　머천다이징은 적절한 시간과 적절한 장소에 적절한 양의 제품을 공급하는 일로서, 간혹 마케팅과 혼용되기도 하지만 오히려 중간상인의 제품 관리를 의미한다.

MGM 마케팅(Members Get Members Marketing)　MGM 마케팅은 자신이 이용하는 상품이나 서비스를 남에게 권해 성공하면 혜택을 주는 등, 기존의 고객을 일종의 유통망으로 이용하는 판매 기법이다.

Mystery Shopping　미스터리 쇼핑은 조사원이나 감독직원이 고객으로 가장해 해당 업체나 매장의 서비스 수준을 평가하는 제도를 말한다. 이 일을 전문적으로 하는 조사원을 '미스터리 쇼퍼'라 부른다.

Needs　니즈는 필요·수요·요구·욕구 등의 의미로, 새로운 콘셉트는 추출할 때 이러한 니즈는 다양하게 발상을 전환시키는 역할을 한다.

New Media Marketing　뉴미디어마케팅은 소셜네트워크서비스SNS·스마트폰 등을 상품이나 서비스 판매 또는 기업 이미지 제고 등에 활용하는 마케팅 전략을 말한다.

Niche Marketing　니치 마케팅이란 틈새시장이라는 뜻을 가진 말로서, 시장의 빈틈을 공략하는 새로운 상품을 잇따라 시장에 내놓음으로써 다른 특별한 제품 없이도 셰어share를 유지시켜 가는 판매전략이다.

Noblesse Marketing　귀족 마케팅이란 VIP 고객을 대상으로 차별화된 서비스를 제공하는 것을 말한다.

Nude Marketing   누드 마케팅은 제품의 속을 볼 수 있도록 디자인을 투명하게 함으로써 소비자들의 신뢰와 호기심을 높이는 판매전략을 말한다.

Nudge Marketing   넛지 마케팅은 소비자가 선택을 함에 있어서 좀 더 유연하고 부드러운 방식으로 접근하는 마케팅 기법이다.

One to One Marketing   원투원 마케팅은 고객 개개인마다 데이터베이스를 구축하여 고객의 요구와 기호에 부합하는 서비스를 전개하는 마케팅 기법이다.

Opinion Leader   오피니언 리더란 특정 주제에 관해 전문성과 지식을 보유하고 있어 제품 구매 시 대부분의 다른 소비자들에게 영향을 줄 수 있는 사람이다.

Opt-in Mail   옵트인 메일은 사용자의 허락을 받은 후에 관련 메일을 송신하는 것. 허락을 받은 후에는 비록 광고이긴 하지만 가치 있는 정보만 제공되는 메일 커뮤니티에 해당 광고를 끼워 보내는 광고상품이다.

Organizer   주최자는 이벤트의 기획 및 운영에 관해 중심적인 역할을 담당하고 최종책임을 지는 기업이나 단체이다.

Orientation   오리엔테이션은 클라이언트client가 기획자에게 이벤트를 의뢰할 때 기획의 기본적인 의도를 설명하는 행위를 말하며, 기획의 방향이나 실행에 필요한 요소를 설정하는 이벤트 기획 입안의 첫 단계이다.

Page view   페이지뷰란 특정기간 동안 해당 웹사이트가 열람된 횟수로, 해당 웹사이트에 얼마나 많은 이용자들이 방문하는가를 나타내는 일반적인 척도로 활용된다.

Paradigm 패러다임이란 사회의 변화, 경영환경과 시장의 변화, 조직의 변화, 그리고 정보화 시대의 변화를 의미하는 새로운 환경을 나타낸다. 토마스 쿤Thomas-Khun의 저서 《과학혁명의 구조》에서 처음 언급된 이후 사조로 이해되기 시작했다.

Plan 계획은 기획이 끝나고서 하는 세부 실행안이다. 스케줄Schedule, 코스트Cost, 스태프Staff의 3가지를 고려해야 한다. 조직활동의 목표·방침·행동계획을 설정해 조직활동 및 구성원의 업무 방향을 제시하는 것을 말한다.

Planning 계획은 'plan'이고 기획은 'planning'이다. 전자는 명사名詞이고 후자는 동명사動名詞의 형태를 띠고 있다. 그 품사를 보아도 짐작할 수 있듯이 기획은 계획을 이루는 과정을 의미하고 계획은 기획의 결과로 얻어지는 최종안最終案을 의미한다. 어떤 대상에 대해 그 대상의 변화를 가져올 목적을 확인하고, 그 목적을 성취하는 데에 가장 적합한 행동을 설계하는 것을 의미한다.

POP 광고(Point-Of-Purchase Advertisement) POP 광고는 구매시점 진열물point-of-purchase materials, **POP 광고진열**pop advertising displays, 혹은 판매시점 진열point of sales displays 등으로 불린다. 그 기능은 상품설명, 보조기구, 매장 안내, 판매능률 촉진, 점포 내 분위기 형성, 광고 및 PR의 보조역할 등이다.

Positioning 포지셔닝이란 타사의 경쟁제품에 비해 자사제품의 경쟁적 우위를 확보하기 위해 소비자의 마음속에 자사제품의 특징적인 이미지를 심어주기 위한 홍보활동을 의미한다.

PPBS(Planning Programming Budgeting System) PPBS는 기획企劃, 계획計劃, 예산제도豫算制度를 의미한다. 원래는 군사용어로 장기적인 계획수립과 단기적인 예산편성을 유기적으로 관련시킴으로써 자원배분에 대한 의사결정을 일관성 있게 합리적으로 행하려는 제도를 말한다.

PPC(Pay-Per-Click) PPC는 온라인상에서 검색엔진을 사용하여 검색한 결과에 나오는 광고에서 사용자가 해당 광고를 클릭할 때 광고비용이 발생되는 것을 말한다.

PPL(Product in Placement) 영화나 드라마 등에서 특정 제품을 노출시켜 광고효과를 노리는 간접광고이다.

Preemptive Marketing 선점 마케팅이란 고객이 선호하거나 기대하는 모델을 사전적으로 파악하여 이를 제품이나 서비스를 통해 홍보하는 마케팅을 말한다.

Presentation 프레젠테이션은 기획서를 제시하고 제출하는 행위를 말한다.

Pricing 프라이싱이란 우리말로는 '가격설정' 혹은 '가격정책'이라고 하는데 가치와 가격의 균형점을 찾아가는 행위이다. 단순히 가격만을 생각하는 것이 아니라 고객에게 제공될 가치를 고려해야 한다.

PR(Public Relations) PR은 광고, 퍼블리시티, 이벤트 등의 활동수단보다 최상위 개념의 커뮤니케이션 수단이다.

Publicity 퍼블리시티란 기업 자체나 기업이 제공하는 제품과 서비스에 관해 뉴스나 화젯거리로 다루게 함으로써 고객에게 홍보하는 활동을 말한다.

Reach 리치는 특정 기간에 적어도 한 번 이상 광고캠페인에 의해 노출된 사람의 숫자를 말한다.

Refusal 거절은 상대편의 요구, 제안, 선물, 부탁 따위를 받아들이지 않고 물리치는 것을 말한다.

Relation Marketing 관계마케팅이란 고객 등 이해관계자와 강한 유대관계를 형성하여 이를 유지해가며 발전시키는 마케팅 활동이다.

Report 보고서란 조직 내에서 상하계층 간이나 부서 상호 간 또는 기관 상호 간에 법령의 규정 또는 지시나 명령에 의해 구두, 전화, 전신, 서면 등으로 일정한 의사와 자료를 전달하는 과정을 말한다. 보고의 원칙에는 ① 필요성의 원칙, ② 완전성의 원칙, ③ 적시성의 원칙, ④ 정확성의 원칙 등이 있다.

Repositioning Strategy 리포지셔닝 전략이란 소비자들이 '원하는 바'나 경쟁자들의 포지션이 변함에 따라 기존 제품의 포지션을 바람직한 방향으로 새롭게 전환시키는 전략을 말한다.

Request 리퀘스트란 인터넷 사이트 방문자가 성공적으로 사이트의 내용을 제공받는 것을 말한다.

Reverse Marketing 역발상 마케팅이란 남들이 하지 않은 것, 생각하지도 못한 것을 생각해 내고 실천에 옮김으로써 소비자와 고객에게 관심을 끌고, 성공하는 것이다.

RFM RFM은 최근 구매일Recency, 구매빈도Frequency, 구매금액Monetary의 첫 글자를 따서 만든 용어다. 고객이 최근 구매한 날로부터 얼마나 지났는지, 정해진 기간 내에 각 고객이 얼마나 많이 구매했는지, 구매시 평균적으로 어느 정도의 돈을 지불하는지 측정한다.

RFP(Request For Proposal) RFP는 프로젝트 입찰에 응찰하는 제안서를 요청하는 제안요청서이다. RFP에서는 주로 프로젝트 전체의 대략적이고 전체적인 내용과 입찰규정 및 낙찰자 선정 기준 등이 제공된다.

Rich Media 리치 미디어란 단순한 텍스트나 그래픽을 넘어서 강렬한 색감으로 움직이는 애니메이션, 자극적이고 매력적인 사운드, 화려한 동영상 등 다양한 도구를 활용하여 상호작용을 가능하게 함으로써 메시지를 좀 더 풍부하게 전달하는 매체를 일컫는다.

ROI(Return OnInvestment) ROI는 광고에 대한 투자 대비 수익률이다. 광고의 목적이 여러 가지임에 따라 매우 다양한 결괏값이 나올 수 있지만, 광고대비 수익을 산정하는 것은 광고를 하는 사람 모두가 심사숙고해야 하는 문제이다. 이것을 토대로 광고의 단가 기준들이 바뀌기도 한다.

ROS(Runof Site)　　ROS는 광고주가 광고를 집행할 특정영역을 지정하는 것이 아니라, 매체에서 광고의 영역을 임의로 정하는 것을 말한다.

Sales Promotion　　판매촉진이란 유통업체나 소비자를 상대로 행하는 홍보, 광고, 인적판매, 스폰서십 마케팅 이외의 모든 판매행위의 종합적인 활동이다.

SEM(Search Engine Marketer)　　검색엔진 마케팅SEM이란 각종 유명 검색엔진에 등록하거나 검색 결과의 상위 랭킹, 그리고 사용자가 인식하지 못하더라도 광고 효과는 올릴 수 있는 모든 노력들을 통틀어 말한다.

Sensory Marketing　　감각마케팅이란 특별히 의식하지 않는 상태에서는 청각·시각·촉각 등 인간의 오감을 자극하여 마케팅 효과를 높이려는 방법을 말한다.

SEO(Search Engine Optimization)　SEO란 검색 결과에서 광고를 제외한 자연검색결과 Organic Search Result에서 상위에 올라가도록 하는 일련의 작업을 의미한다.

Snob Effect　　백로효과란 특정 상품에 대한 소비가 증가해 희소성이 떨어지면 그에 대한 수요가 줄어드는 소비현상을 말한다.

SOV(Share Of Voice)　　SOV는 광고혼잡도라고 하며, 카테고리 내 경쟁사 대비 자사의 광고가 차지하는 비율을 말한다.

Sponsor　　스폰서란 이벤트를 직접 기획하거나 진행하지 않고 행사취지와 목적에 대해 동의하고 후원하는 기업이나 단체를 말한다.

Sports Marketing　　스포츠 마케팅이란 경기 시작 전부터 끝날 때까지 관련된 모든 업무를 대행하는 사업, 또는 여러 가지 프로모션 활동을 통해 팀 선수의 부가가치를 높이고 상품화를 도모하는 활동을 말한다.

Spread Marketing 스프레드 마케팅이란 신문이나 방송, 광고 등을 내보내지 않고 인터넷과 입소문만을 활용함으로써 비용을 줄이는 대신 홍보효과를 극대화하는 전략이다.

Stigma Effect 낙인효과란 과거의 어떤 행위나 모습만을 보고 단정지어 생각하고 낙인을 찍어 평가하기 시작하면 그 평가의 대상이 된 사람은 점점 행동이 위축돼 평소 가진 능력마저도 제대로 발휘하지 못하는 현상이다.

Storyboard 스토리보드란 웹사이트 제작에 있어 아직 만들어지지 않은 페이지의 구성과 기능들을 화면의 흐름에 따라 표현한 그림을 말하는 것으로, 웹 기획을 하는 하나의 양식으로 정착되어 있다.

STP STP란 마케팅 전략의 기본적인 구성요소를 함축적으로 나타낸 기호로서, 시장세분화 Segmentation, 표적시장의 선정Targeting, 목표포지션의 결정Positioning을 의미하며 이 다음에 이어지는 단계는 마케팅 믹스의 개발이다.

Strategy 전략은 종합적·전체적인 전망을 기반으로 한 계획이나 실행방법이다.

Suggestion 제안이란 의견을 내어놓는 행위나 그 의견을 말한다.

Sweepstakes 경품은 콘테스트와 유사하나, 소비자를 우월성에 따라 평가하지 않는 것을 말한다.

Synergy Effect 시너지효과란 새로운 분야에의 참가가 구舊 분야에 도움이 되는가 하면 새 분야의 참가를 위해 구 분야가 도움이 되는가 어떤가 등 신구 양 분야 간에 있어서 서로의 연관성 있는 공헌의 정도를 가리킨다.

Tactics   전술은 목적을 달성하기 위한 방법이며 전략을 기반으로 실행된다.

Target   타깃이란 대상, 대상자, 목표를 의미한다.

Target Marketing   표적 마케팅이란 전체 시장구성원들이 '원하는 바'의 차이를 인식하여 시장을 세분하고 각 세분시장별로 최적의 마케팅 믹스를 개발하여 별도로 제공하는 전략이다.

Theme   테마는 논의의 중심과제나 주제를 의미한다.

Three Hit Theory   광고 반복의 효과란 광고가 효과를 발휘하기 위해서는 최소 3회의 노출은 발생해야 된다는 것을 의미한다.

Time Marketing   타임 마케팅이란 가격이나 품질뿐만 아니라 고객의 시간을 아껴줌으로써 판매촉진에 기여한다는 전략이다.

TPO(Time Place Occasion)   TPO는 소비자 행동에 영향을 미치는 상황요인으로서, 시간Time, 장소Place, 계기Occasion를 말한다.

TRP(Targetgrp)   TRP란 타깃에게 노출된 광고노출률의 합을 말한다.

Viral Marketing   바이럴 마케팅이란 네티즌들이 이메일이나 다른 전파가능한 매체를 통해 자발적으로 어떤 기업이나 기업의 제품을 홍보할 수 있도록 제작하여 널리 퍼지는 마케팅 기법을 말한다.

Virus Marketing   바이러스 마케팅이란 컴퓨터를 통해 자료를 다운로드할 때 컴퓨터에 바이러스가 침투되듯이 자동적으로 홍보 내용 또는 문구가 따라 나오게 하는 마케팅 기법이다.

Weather Marketing   웨더 마케팅은 기상을 경영전략의 한 결정요소로 인식하여 기상으로 인한 위험을 최소한으로 막고, 그 위험을 반대로 이용하여 보다 많은 이윤을 확보하는 마케팅 기법이다.

Word of Mouth Marketing   구전마케팅은 소비자 또는 그 관련인의 입에서 입으로 전달되는 제품, 서비스, 기업 이미지 등에 대한 말에 의한 마케팅을 말한다.